ÉTUDES

SUR

LA CHINE

CONTEMPORAINE

Paris. — Imprimerie de E. MARTINET, rue Mignon, 2.

ÉTUDES

SUR

LA CHINE

CONTEMPORAINE

PAR

MAURICE IRISSON

PARIS

LIBRAIRIE CHAMEROT ET LAUWEREYNS

13, RUE DU JARDINET, 13

1866

COUP D'ŒIL GÉNÉRAL

Tout le monde sait que l'histoire s'est transformée, au xixe siècle, non-seulement par les découvertes de la linguistique, mais encore par la création de deux sciences nouvelles, la physiologie et la psychologie comparées des races humaines. Il faut ajouter à ces instruments nouveaux une conception plus élevée et plus complète des lois qui président au *devenir* de l'humanité.

C'est au point de vue de la science historique assise sur de telles bases que nous nous sommes placé pour observer les hommes et les choses en Chine. Nous avons vu de près ceux que nous peignons; nous avons vécu de leur vie, car nous avons longtemps pensé et parlé avec eux dans leur propre langue, ce moyen de communion par excellence.

Nos dix *études* se répartissent d'elles-mêmes dans un ordre progressif et rigoureux.

Avant d'étudier les Chinois dans leur vie privée et dans leur vie publique, il nous a paru indispensable de les étudier en eux-mêmes, dans leur constitution physique, intellectuelle et morale, dans le mode d'organisation propre à leur race et la distinguant de toutes les autres.

Il y a là, en effet, une grave question de psychologie comparée, inséparable de la question de justice. Ce n'est pas au point de vue de notre constitution cérébro-mentale indo-européenne qu'il nous faut juger les institutions et l'activité chinoises ; c'est en nous plaçant au point de vue de l'ensemble plus ou moins harmonique de facultés qui constitue le caractère chinois, en tenant perpétuellement compte de ses côtés forts et de ses côtés faibles.

En principe, on ne peut ni ne doit demander à une race que les légitimes développements que comporte son mode particulier d'organisation.

Voilà pourquoi nous avons tenu à résumer ici de notre mieux tout ce que l'anthropologie et la linguistique nous enseignent de plus important sur la constitution de l'âme et de la tête chinoises, non moins que sur l'instrument de communication orale et de développement intellectuel spontanément créé à l'origine par les premiers hommes de cette étrange et intéressante variété primitive de notre espèce.

Nos recherches auront ensuite pour objet l'activité des facultés et des groupes de facultés en tout ce qui tient à la conservation et au développement de l'individu et de la famille. Puis viendront nos études sur la société, sur l'agriculture, sur l'industrie et le commerce, sur les arts et les sciences, et, enfin, sur la science qui se sert de toutes les autres, la politique.

Afin de mieux préciser l'époque à laquelle ont commencé nos observations, nous nous permettrons de rappeler ici que, faisant partie de l'armée expéditionnaire, nous avons eu l'honneur d'être attaché comme secrétaire et comme interprète à la personne du général en chef M. C. de Montauban, comte de Palikao, pendant toute la campagne de 1860.

I

LA RACE

Il n'y a pas longtemps que la science travaille
à constituer le premier chapitre de l'histoire
universelle. La Société d'anthropologie de Paris,
dont le but est « l'étude scientifique des races
humaines », ne compte que six ans d'existence, et
la Société d'anthropologie de Londres, de fonda-
tion plus récente encore, a été créée à l'instar
de celle de Paris. C'est que l'idée d'appliquer
à la connaissance des variétés primitives de
l'espèce humaine l'anatomie, la physiologie et
la psychologie comparées, la linguistique, etc.,
suppose l'existence et même un certain développe-

ment de ces sciences spéciales. Or, toutes ces branches par excellence du savoir anthropologique sont relativement très-modernes, et la linguistique, par exemple, considérée comme connaissance positive des organismes du langage, ne fera que l'an prochain (1866) son premier jubilé de cinquante ans (1).

Quoi qu'il en soit, nous ne saurions résumer ici avec trop de soin ce que l'anthropologie nous apprend de la race chinoise et de la place que cette race occupe dans la série générale des variétés de notre espèce. Il importe, en effet, et il importe beaucoup, de connaître à fond le caractère des acteurs avant de les suivre sur le théâtre de la vie.

Immédiatement au-dessous du type caucasique, auquel se réfèrent les races indo-européenne, sémitique (syro-arabe), tatare et ibérienne, beaucoup au-dessus des types éthiopique et hottentot,

----

(1) C'est en 1816 que M. Franz Bopp, le vénérable maître des linguistes contemporains, publia sa première étude de grammaire comparée des langues indo-européennes.

vient se placer le type mongolique, auquel se rap-
porte la race chinoise. Ici le visage n'est pas ova-
laire comme dans le type supérieur, il est losan-
gique, et telle est la saillie des pommettes, cause
anatomique de cette forme de la face, qu'on
nomme les Chinois des *eurygnathes* (de εὐρύς,
large, et de γνάθος, joue), comme on appelle les
nègres des *prognathes* à cause de la proclivité de
leurs mâchoires. A cet écartement des pommettes
correspond un nez aplati et fort large à sa racine,
ce qui abaisse l'angle interne des paupières et
amène l'obliquité des yeux, qui vont en se relevant
vers l'angle externe. Très-haut placés au-dessus
de ces yeux obliques et quelque peu saillants, les
sourcils sont noirs et singulièrement relevés en
dehors aux angles sus-orbitaires. Au-dessous d'un
nez épaté aux narines fortement écartées et obliques de haut en bas et d'avant en arrière, la
lèvre supérieure s'avance d'une manière accen-
tuée au-dessus de l'inférieure. La barbe est rare
et pousse tardivement ; les cheveux, noirs comme
la barbe et les sourcils, sont plats et luisants.

L'usage de les raser et de n'en laisser qu'une touffe formant queue au sommet de la tête a été importé par les conquérants tatares et n'a rien à faire avec notre étude anthropologique. Mais ce qui est un caractère de race digne d'être consigné ici, c'est la teinte généralement jaunâtre de la peau. Il y a parfois du violet ou du vert dans leur teint; mais la plupart des femmes se rapprochent des Européennes par la blancheur de la peau, qu'elles badigeonnent au rouge sur les joues jusqu'à en être laides, à nos yeux du moins.

Si le visage chinois, vu des sourcils au menton, présente un aspect triangulaire, le haut de la tête offre l'apparence d'un cône. Sans être aussi fuyant qu'il l'est chez le nègre, le front s'affaisse assez rapidement en arrière, d'où, pour parler le langage de Camper, un angle facial moins ouvert que celui des Indo-Européens, des Syro-Arabes (dits Sémites), des Ibéro-Basques et des Tatares. Nous verrons tout à l'heure la symptomatologie de ce mode d'organisation cérébrale.

Bien que, dans notre conviction personnelle,

toutes les parties du système nerveux concourent
soit à la production, soit à la modification de la
production des actes de la vie intellectuelle, sen-
timentale et instinctive, cependant telle est dans
ces fonctions de l'âme l'importance du rôle du
cerveau, qu'on ne saurait tenir trop sévèrement
compte des moindres variations de la forme dans
cet organe et dans le crâne, qui, moulé sur lui,
reproduit à l'œil de l'observateur la majeure partie
de ses contours.

Il en est des individus dans la race comme de
chaque race dans l'espèce. Tous, nous avons quelque chose de tout ; seulement, ce n'est jamais
dans les mêmes proportions. Participant à la
même nature, au type indivisible et spécifique de
l'homme, nous naissons avec le même nombre
de besoins instinctifs et moraux ; mais, toutes
choses égales d'ailleurs, ces besoins varient comme
nos organismes. Ces différences déjà si frappantes
entre sujets de même race sont bien plus frappantes encore quand on passe d'une race à une
autre. Aussi, bien que nous repoussions l'organo-

logie de Gall, reconnaissons-nous la parfaite sécurité de sa méthode d'observation (1). Il est certain que la psychologie crânioscopique a pu constater et constate encore tous les jours, par des faits nombreux de concomitance toujours la même, que le développement du cerveau dans telle direction, vers tel point de sa boîte osseuse, correspond au degré de puissance de telle aptitude spéciale, de tel besoin déterminé. Or, ces faits de coïncidence entre un pouvoir interne et une forme extérieure de l'organe cérébral acquièrent la force probante d'une expérience scientifique quand, passant d'une race à l'autre, on opère sur des millions d'individus. Nous voulons parler de la comparaison rigoureuse d'un ensemble de moyennes avec un autre ensemble de moyennes représentant le cerveau typique de chaque race étudié dans toutes ses lignes, dans toutes ses proportions.

(1) Le principe de la localisation des facultés cérébro-mentales vient d'être mis en évidence par de nombreuses observations pathologiques relatives au siége de la faculté du langage. Voir aux *Bulletins de la Société d'anthropologie* de Paris (tome IV, p. 200), l'intéressante communication de M. le docteur P. Broca.

Ce qui frappe tout d'abord dans la structure des crânes chinois, c'est, à côté d'un frontal étroit et déprimé, l'énorme développement de la partie postérieure de la tête. En regardant ces crânes par en haut (c'est-à-dire avec le rayon visuel tombant sur leur sommet), on y retrouve, comme dans les crânes de notre race, la forme de l'œuf; seulement le gros côté (région postérieure du chef) présente ici un volume beaucoup plus considérable. Or, parmi les données les moins contestables de la phrénologie comparée des races et des animaux, il faut ranger ce fait sans cesse reproduit : le degré de puissance et d'activité des instincts conservateurs de l'individu et des penchants qui ont pour objet la conservation de l'espèce est en rapport constant avec le développement des régions latérales (conservation de l'individu) et des régions postérieures de la tête (conservation de l'espèce). Et maintenant, si nous prenons pour point de repère les conduits auditifs, nous trouverons que telle est, dans le crâne chinois, le développement de la demi-circonférence postérieure, qu'elle l'emporte en moyenne de 2 ou 3 centimètres sur la demi-circonférence antérieure passant par la bosse nasale de l'os du front. C'est absolument le contraire de ce qui s'observe sur les crânes indo-européens, où la moyenne de la demi-circonférence antérieure est de 32 centimètres (24 seulement chez les Chinois), tandis que la demi-circonférence postérieure n'y mesure que 24 centimètres.

En présence des grandes lignes de la tête chinoise plaçons les données sommaires de la psychologie expérimentale des races ; celle-ci affirme et prouve :

1° Que les *instincts* proprement dits dont nous venons de parler sont d'autant plus puissants que la tête est plus développée dans ses régions latérales et postérieures ;

2° Que les *sentiments*, c'est-à-dire les besoins psychologiques d'une nature plus élevée, ayant surtout pour objet la conservation de l'ordre social, s'éveillent et se manifestent avec une énergie proportionnelle au développement des régions supérieures du cerveau ;

3° Que les facultés intellectuelles s'exercent par la partie antérieure de la masse encéphalique (région frontale).

Et les conclusions, de tout point d'accord avec la vie chinoise, seront :

La prédominance très-prononcée des instincts sur les sentiments et sur l'intelligence ;

La prédominance des facultés intellectuelles prises en masse sur les sentiments ou pouvoirs régulateurs ;

La soumission habituelle de l'intelligence aux sollicitations de l'instinct sans contrôle efficace des sentiments moraux.

Prise au détail, la tête chinoise offre la gradation suivante dans les instincts conservateurs de l'individu :

1° Amour de la vie ;

2° Instinct de la défense (la *combativité* des phrénologistes) ;

3° Penchant à détruire, cet élément par excel-

lence de la colère et du courage animal of-
fensif ;

4° Choix des aliments ;

5° Circonspection ;

6° Ruse (*sécrétivité*) ;

7° Besoin de posséder.

D'instinct, les fils du Ciel, comme ils se nomment eux-mêmes, font très-peu de cas de la vie.
On les voit tous les jours, poussés par une idée de
vengeance, s'aller tuer sur le seuil de leur ennemi : nos plus terribles vindicatifs feraient à
coup sûr le contraire, et c'est leur ennemi qu'ils
tueraient. Les détails dans lesquels nous entrerons
plus loin montreront combien leurs habitudes à
l'endroit de la vie des autres comme de la leur
propre justifient les inductions tirées de l'examen
de leur crâne.

Plus accentué, mais relativement faible encore,
est chez eux l'instinct du combat. Il est rare de
rencontrer des Chinois qui se querellent sérieusement ; mais il est bien plus rare encore d'en trouver qui se battent. Cette nature peu agressive

rend les jeunes gens peu tapageurs et les enfants
eux-mêmes soit très-sages.

On comprend ces résultats quand on considère,
et le développement modéré du penchant à détruire , et l'action incessante et combinée de
l'estime de soi et de la circonspection.

Les habitudes de gourmandise, familières à la
race jaune, s'expliquent assez par son mode d'organisation (développement latéral antérieur du
lobe moyen) et par la forte musculature de ses
mâchoires.

Telle est la puissance de leur instinct de circonspection, qu'elle va même jusqu'à suspendre, à leur
insu, la manifestation instantanée de ce qu'ils
éprouvent à l'aspect d'une chose extraordinaire.
Vous passez inopinément : ils vous regardent,
mais leur physionomie ne dit rien, ne trahit rien.
C'est en s'unissant à l'estime de soi, de tous les
sentiments le plus développé dans leur tête, que
la circonspection donne au Chinois cet étrange
caractère de gravité, de réserve et de *self-posses-
sion*. C'est elle aussi qui donne à sa ruse le temps

de s'exercer et de faire appel aux conseils de l'intelligence. La ruse qui incite à se cacher, à s'esquiver, à dissimuler ses voies, voilà, avec le besoin de posséder ou le penchant à acquérir, les deux tyrans de la tête chinoise. Partout, dans les contrats les plus ordinaires comme dans les conventions les plus solennelles, les fils du Ciel simulent et dissimulent avec une prodigieuse aisance, avec un imperturbable aplomb. A eux de mentir et de vous tromper : à vous d'être sur vos gardes. Nous le verrons bien plus tard, quand nous parlerons de leur commerce et de leur politique extérieure.

Un développement très-considérable de la partie postérieure inférieure et moyenne de la tête annonce, chez le Chinois, une grande puissance des trois instincts qui ont pour objet la conservation de l'espèce : l'attrait sexuel, l'amour des enfants, l'attachement, base de l'amitié.

La largeur et la saillie de la nuque, à l'endroit du cervelet, trahit, chez lui, un penchant très-vif aux plaisirs de l'amour physique. Aussi bien le

Chinois est-il, avant tout, un être sensuel et incapable de soupçonner les exquises délicatesses d'une affection tendre, mais chaste et voilée. Telle est chez lui la tyrannie de ce penchant aux jouissances d'un ordre inférieur, qu'elle peut seule expliquer, par ses folles déviations, cette masse d'établissements où l'on élève de jeunes garçons toujours prêts aux abominables désordres de la pédérastie.

Tous les observateurs sont d'accord là-dessus : à une grande énergie de l'amour des enfants correspond une forte proéminence du cerveau dans sa région postérieure et inférieure immédiatement au-dessus du cervelet. C'est là encore, nous le répétons, une des lignes saillantes de la tête chinoise. Le sentiment de la famille est très-énergique dans toute cette race ; le foyer domestique avant tout. La grande famille sociale, la patrie, importe fort peu au Chinois, et il n'entre guère dans ses aspirations de pouvoir consacrer à son pays sa fortune ou sa vie.

L'attachement, ce puissant lien des âmes, est

encore l'une des puissances instinctives les mieux accentuées dans l'organisation soumise à notre analyse. C'est précisément cette faculté sociale par excellence qui, s'unissant à l'amour des enfants et au sentiment de vénération, produit, chez les habitants du Céleste-Empire, ce culte universel des aïeux, avec les pieuses pratiques qui s'y rattachent, et dont nous parlerons plus loin.

Plus faibles que les instincts, plus faibles que la somme des facultés intellectuelles, les sentiments sont très-inégalement actifs dans la constitution morale que nous étudions. On sait que ces nobles besoins de l'âme, soutiens et régulateurs de notre activité, sont la conscience, la fermeté, la vénération, la bienveillance, le besoin d'approbation, l'estime de soi et l'espérance.

Or, l'estime de soi et la fermeté sont ici les deux sentiments les plus forts. Voyez en haut et en arrière, comme les deux angles postéro-supérieurs des os pariétaux sont soulevés en cône pour former le point culminant du chef. Aussi, quelle perpétuelle concentration dans le sentiment de sa

dignité personnelle! quelle suffisance! quel orgueil! Il y a un peu d'effacement relatif aux deux
côtés de la place que j'assignais tout à l'heure, avec
Gall et avec les faits, au symptôme morphologique
de l'estime de soi. Aussi bien le besoin d'approbation, le désir de plaire le cède-t-il, chez le Chinois,
au sentiment de sa personnalité. Il va bien jusqu'à
un certain luxe extérieur, dont s'accommodent à
la fois l'orgueil et la vanité; mais il ne saurait aller
jusqu'aux soins minutieux de sa personne, pas
même jusqu'aux soins les plus élémentaires de la
propreté.

Ni la bienveillance, ni le sens du juste et de
l'injuste (conscience) ne s'accuse fortement dans
les formes du crâne dont il s'agit. C'est là surtout
qu'est le mal, car c'est dans ces deux nobles régulateurs que se trouverait le contrôle le plus efficace des tendances aveugles et tout égoïstiques
des instincts.

La grande fermeté des Chinois se manifeste
surtout par la persistance de la volonté dans la
réalisation d'un travail, et par une singulière

constance dans la poursuite d'un but déterminé. Ceci est d'autant plus remarquable qu'ils sont peu soutenus par l'espérance, de tous les sentiments le plus faible dans leur organisation cérébro-mentale.

Bien plus remarquables dans leur degré de puissance et d'activité sont les facultés intellectuelles; mais ces facultés sont multiples, et l'on n'a rien précisé quand on dit, ce qui est vrai d'ailleurs en un sens, que les Chinois sont très-intelligents. Il y a l'intelligence *perceptive* en rapport immédiat avec les sens; il y a l'intelligence *réflective* réagissant sur les perceptions, les comparant entre elles et les appréciant dans leurs rapports de cause à effet, de moyen à but. Enfin, il y a l'intelligence artistique, c'est-à-dire l'ensemble formé par le talent d'imitation, l'aptitude à construire, l'idéalité et le besoin du merveilleux. Eh bien! c'est par les deux pouvoirs inférieurs du domaine artistique, c'est par une grande puissance du talent d'imitation et de l'aptitude à construire, que le Chinois s'est toujours montré et se montre encore très-intelligent. Ils combinent, combinent et combinent encore avec une ingéniosité, avec une adresse qui étonne. Servie par un sens admirablement développé des contours ou du dessin (configuration), leur prodigieuse facilité d'imitation leur fait reproduire aisément tout ce qui frappe leurs yeux. Ils vous découperont instantanément la silhouette d'une personne inconnue, qu'ils verront passer devant eux, et la silhouette sera d'une parfaite ressemblance. Nous ferons remarquer, en parlant de l'écriture, les merveilleuses applications de ce sens de la configuration qu'aucune race ne possède à un degré aussi élevé. Gall, triomphant, n'eût pas manqué d'ajouter : Aucune race ne présente, à la base du front, entre les deux yeux et à la racine du nez, une telle ampleur du développement cérébral.

Dans le peuple, ce sens naturel du dessin combiné avec le talent d'imitation aidé de l'aptitude à construire, produit cette étonnante facilité, non-seulement à apprendre tous les métiers, mais à passer de l'un à l'autre sans gêne aucune. Quelques jours suffisent à un tailleur pour devenir aussi bon menuisier qu'il était bon tailleur, et ce n'est pas peu dire, quand il s'agit d'un pays où les femmes abandonnent l'aiguille au sexe le plus laid. Ces talents naturels, joints aux jouissances que donne la production, excités d'ailleurs par le besoin d'acquérir, donnent aux Chinois une incessante activité. Que diraient les habitants de certaines régions de l'Italie, s'ils pouvaient contempler l'ardeur dévorante de ces fourmis humaines?

Le malheur est que la plus haute des facultés artistiques, l'idéalité, cette mère de la poésie, est d'une faiblesse déplorable dans la constitution mentale de cette race si intelligemment et si adroitement laborieuse. Des reproductions de la nature, exactes comme une photographie, vous en aurez tant que vous voudrez ; des créations vraiment artistiques où l'homme des races supérieures incarne le type du beau tel qu'il le conçoit, vous n'en trouverez jamais. Encore, dans la copie du réel, faut-il tenir compte de l'excessive faiblesse du sens géométral des distances et de la perception des positions relatives des objets dans l'espace. Qui n'a remarqué dans leurs images ou dans leurs peintures ce peu de profondeur, cette absence presque totale de perspective ?

Chose étrange! ce défaut dans la distribution successive des plans se retrouve sous une autre forme de manifestation dans la musique chinoise. Jamais un musicien du Céleste-Empire n'a eu l'idée de distribuer deux, trois, quatre ou un plus grand nombre de mélodies d'après certaines lois nées des rapports de distance (harmonie), de manière à les faire entendre simultanément. La perspective de l'oreille leur manque aussi. En dehors du cas du mélange des races, j'ignore même si une longue éducation pourrait les amener insensiblement à goûter nos compositions musicales, qu'ils trouvent détestables. Et pourtant, leur organisation et leur vie en font foi, ils sentent fortement les sons et leur valeur expressive ; nos grands maîtres de l'orchestration, eux-mêmes, ne dédaigneraient certes pas leurs ingénieuses recherches sur le timbre, j'allais dire sur la voix propre à chaque instrument. Grâce à leur habileté de calculateurs, ils avaient trouvé longtemps avant nous le canon fondamental de toute musique, la loi de la succession des quintes (*fa-do-sol-ré-la-mi-si-fa dièse-do dièse*, etc.) et la nécessité du tempérament, c'est-à-dire de l'affaiblissement léger de chaque quinte pour en faire entrer douze dans l'intervalle rigoureux de sept octaves et obtenir, au bout du cercle fermé des douze quintes affaiblies, un *mi* dièse égal à un *fa* naturel. Mais ce n'est pas d'emblée qu'ils sont parvenus à tous ces raffinements, car longtemps leurs aïeux n'ont possédé qu'une gamme de cinq notes, et leurs plus beaux chants traditionnels n'offrent que ces cinq notes-là (1).

Tout le monde sait que les pouvoirs supérieurs de l'intelligence, appelés *facultés réflectives,* sont l'analogie et la causalité. Fortement développée, la faculté d'analogie ou de comparaison générale (chaque faculté sensitive comparant entre elles

______

(1) Elles correspondraient aux notes *fa, sol, la, do, ré,* de notre gamme.

ses perceptions propres) est la source des vastes synthèses, des grandes classifications scientifiques. Elle ne va pas jusque-là dans la moyenne de l'organisation chinoise ; mais elle y est assez puissante pour donner aux fils du Ciel une dose remarquable de sagacité comparative. Ils sont moins bien doués sous le rapport de l'esprit de causalité. On le sait, la causalité est cette puissance qu'a l'homme de saisir les rapports des principes avec leurs conséquences et de remonter des effets aux causes en suivant avec rigueur la chaîne des engendrements successifs jusqu'à l'absolu, c'est-à-dire jusqu'à ce qui, indépendant de toute condition antérieure ou extérieure à soi, présente à l'esprit le caractère de nécessité. Malheureusement pour la race jaune, cette sublime faculté de l'homme est trop faible dans sa constitution intellectuelle, surtout quand on la considère au point de vue de la domination qu'elle devrait exercer sur les instincts de la vie animale et sociale. Voyez aussi comme le haut du front se resserre et s'affaisse, et tout particulièrement aux régions latérales, pour fuir rapidement en arrière.

Cette esquisse de la tête chinoise, tout imparfaite qu'elle est, nous aidera peut-être à expliquer certains faits, certaines habitudes que nous aurions tort de juger au point de vue des exigences de notre organisation cérébro-mentale indo-européenne. Avant tout, soyons justes et ne demandons jamais à une race que ce qu'elle peut raisonnablement nous donner.

II

LA LANGUE

Sur cette terre, il n'y a que l'homme qui parle,
et ce noble attribut du langage articulé le distingue
profondément de tous les animaux. Et comme le
langage n'est que l'incarnation de la pensée dans
un corps syllabique dont elle est l'âme et la pro-
créatrice, le règne *hominal* est à vrai dire le règne
du verbe.

Chaque variété primitive de l'espèce humaine,
chaque race, en un mot, possède un organisme
phonétique de sa pensée, une langue à soi. Reflet
fidèle de l'ensemble de ses facultés mentales en
ce qu'elles ont de spontané, d'instinctif et de

primesautier, la langue créée par une race est dans un rapport intime d'effet à cause avec la constitution intellectuelle de cette race et, par suite, avec sa morphologie cérébrale. C'est ce qui a fait dire à M. Chavée : « Telle race, telle langue, et telle langue, telle race. La race chinoise est à la langue chinoise comme la race indo-européenne est à la langue indo-européenne (1). » Une analyse attentive des différents systèmes d'expressions orales montre qu'ils ont tous commencé par l'état monosyllabique, c'est-à-dire que tous les mots furent d'abord des monosyllabes. Le plus grand nombre de ces systèmes s'est arrêté à un second degré de développement consistant dans l'agglutination des monosyllabes premiers par groupes de deux, de trois et même d'un plus grand nombre. Ainsi procédèrent les langues tartares, le finnois, le hongrois, le turc et tous les idiomes appelés pour cela idiomes agglutinatifs. Au-dessus et au delà de cet état secondaire, deux

(1) H. Chavée, *Les langues et les races,* p. 8. Paris, Chamerot, 1862.

organismes de langage, la parole aryaque ou indo-
européenne et le parler sémitique ou syro-arabe,
offrent des flexions, c'est-à-dire d'admirables
systèmes de déclinaison et de conjugaison. Beaucoup au-dessous de ces riches végétations philo-
logiques, un petit groupe de langues, dont la
langue chinoise est de beaucoup la plus impor-
tante, est resté à l'état monosyllabique premier.
Comment sont constitués ces monosyllabes dont
la collection compose la langue de deux cents
millions d'hommes? Voyons.

Un fait étrange au premier abord, mais qui
s'explique ensuite très-bien par la diversité d'organisation de race à race, c'est que les monosyllabes premiers, ces mots simples ou irréductibles
à des formes antérieures, offrent dans chaque
race une phonologie et une constitution syllabique
à part. Le monosyllabe chinois a des lois de for-
mation dont il ne s'écarte jamais. Toujours il
débute par un bruit (consonne) (1) pour finir par

(1) L'antique monosyllabe *leou*, parce qu'il se prononce aujourd'hui
eoul, ne saurait faire exception à la règle.

un son (voyelle) ; seulement, cette voyelle finale peut être renforcée de deux manières : 1° par une ou deux voyelles qui la précèdent (*a, ia, oua, ioua ; ë, ië, iouë,* etc) ; 2° par une assonance dento-nasale (*an, en*) ou gutturo-nasale (*ang, eng, ing, oung*). De là des mots comme ceux-ci : *ta, te, ti, to, tou, tan, tang, kia, koua, kian, kouan, kiang, kouang.* Sans une de plus, sans une de moins, les habitants du Céleste-Empire possèdent ainsi trente-six manières de terminer leurs mono-syllabes, c'est-à-dire leurs mots, ne l'oublions pas. Pour les ouvrir, ces mêmes mots, ils ont vingt-quatre consonnes d'attaque, parmi les-quelles se trouvent, outre *p, t, k* et leurs aspirées, les sifflantes *f, s, ch, j, w,* auxquelles il faut joindre le *ch* allemand, les nasales *m, n, n', ng,* les explo-sives composées telles que *ts, tch* (*c* italien), *ttch* et la liquide *l.* Mais vous n'y trouverez ni notre B, ni notre D, ni notre G. Il y a plus, la consonne du mouvement par excellence, le geste oral le plus énergique et le plus expressif des langues indo-européennes et des langues syro-arabes, la

consonne vibrante R, manque à la parole des Chinois. Ainsi que le fait observer M. Chavée (1), toutes
les racines les plus caractéristiques des langues
de l'Inde et de l'Europe se réfèrent à neuf types :
BR, DR, GR (d'où *bar* ou *bra*, *dar* ou *dra*, etc.),
PR, TR, KR (d'où *par* ou *pra*, *tar* ou *tra*, etc.),
SPR, STR, SKR (d'où *spar* ou *spra*, *spir* ou
spri, etc., etc.), tous monosyllabes purement et
simplement impossibles dans la langue que nous
essayons de caractériser. N'oublions pas que ces
différences profondes dans la manière de sentir et
d'exprimer sont corrélatives à des différences
d'organisation : telle est la cause, tel est l'effet.
Théoriquement, s'il nous plaisait de multiplier
les 24 consonnes initiales du chinois par ses
36 terminaisons, nous aurions un produit de
864 mots possibles ; mais le chinois n'a pas réalisé
toutes ces combinaisons et, au point de vue de
la constitution syllabique, il ne possède que le
nombre minime de 450 mots. Toutefois il possède

(1) *Morphologie des syllabes chinoises*, dans le tome troisième des
Bulletins de la Société d'anthropologie de Paris.

cinq manières de chantonner ou d'accentuer ces
monosyllabes, et bien que tous ne reçoivent pas
tous les accents, tant s'en faut, il y a là un puissant moyen d'individualisation et, par conséquent,
de multiplication des vocables parlés. Et maintenant, ces mots pouvant être groupés, soit pour
se préciser, soit pour se modifier l'un par l'autre,
on conçoit les développements qu'a pu prendre
et qu'a pris en effet le lexique du Céleste-
Empire.

Dans ces études, nous n'avons point à nous
occuper des dialectes provinciaux, ni même de
l'ancienne forme du langage appelé *kou-wen*,
vieux style. Tout ce que nous dirons se rapportera
à la langue commune des lettrés, des employés
et de toutes les personnes qui ont reçu quelque
éducation. Cette langue domine tous les dialectes
en vraie langue nationale qu'elle est. Elle porte
le nom de *kouan-hoa* ou style moderne. C'est
en kouan-hoa que s'écrivent les lettres, les ro-
mans, les pièces de théâtre et tout ce que les
Chinois appellent littérature légère (*siao chouě*,

mot à mot : babil). Entre cette langue usuelle et la vieille langue relativement si pauvre vient se placer la langue des commentaires sur les livres de l'antiquité, la langue des historiens et des savants, le *wen-ttchhang*. Mais ces trois langues et les dialectes locaux sont toujours au fond une seule et même langue à différents états de son *devenir*, à divers moments de son évolution soit organique, soit inorganique ou d'altération progressive.

Dans le *kouan-hoa*, comme dans les autres formes du parlé chinois, le mot est toujours invariable. Ici, nul signe accessoire, inhérent au vocable, pour indiquer soit le genre, soit le nombre, soit le cas; si bien qu'il est vrai de dire que toute la grammaire chinoise se réduit à des règles de syntaxe ou d'arrangement des mots les uns à la suite des autres, rien de plus, rien de moins.

C'est avec beaucoup de justesse et d'esprit que les enfants du Ciel divisent tous leurs mots en mots *pleins* et en mots *vides*. Ceux-là en effet

sont *pleins* qui portent en soi l'idée d'une substance, d'une action, d'une qualité : mais ceux-là
sont vides qui n'indiquent que de simples rapports
entre les idées. Ce côté pittoresque de la grammaire va plus loin encore. En chinois, beaucoup
plus souvent qu'en aucune autre langue du monde,
le même mot est à la fois *verbe* et *nom*. Vous
regardez un fleuve, séparez donc l'idée de fleuve
de celle de couler : quoi que vous fassiez, le fleuve
(*FLUvius* ou *FLUmen* en latin) sera *le coulant*,
le *FLUant* (*quod FLUit*). Mais dans l'imagination
mandarine le verbe perd la vie à devenir simple
substantif, et franchement cela est vrai, car bien
que l'idée de *retourner*, *revenir*, en chinois *ji*,
soit encore au fond de *ji*, le jour, celui qui revient
périodiquement, cependant elle y est tellement
cachée par la notion d'une certaine suite de moments qu'elle disparaît en quelque sorte. Et comme
le verbe, le signe de l'action, est le mot *vivant*
par excellence, le nom, lui, est le mot *mort*
(*ssè-tsé*). Selon la position qu'il occupe dans la
phrase, ce nom, ce mot, sera tantôt substantif,

tantôt adjectif, et comme l'adverbe n'est qu'un adjectif au neutre, ce même *mort* deviendra souvent adverbe. Le monosyllabe *ta*, quand il est vivant, signifie *grandir, être grand* ; tuez-le, mettez au second plan l'idée d'action, la notion de vie et de mouvement, le monosyllabe mort *ta* signifiera, ici, la *grandeur*, là, *grand*, ailleurs, *grandement*, beaucoup.

Le développement d'une idée verbale par individualisation de sens d'abord, et ensuite par *occision* pour faire des noms (substantifs et adjectifs) et des adverbes, multiplie souvent d'une manière fort incommode les significations du même monosyllabe. Ainsi *tao*, fouler le sol avec les pieds, aller et atteindre son but, faire aller ou conduire, le drapeau (qui conduit), etc, etc. Mais comment *tuer* un verbe au sens de fouler le sol en marchant ou aller en foulant le sol avec les pieds, sans en faire bientôt *le chemin*, surtout quand on a là, à côté du premier sens, *conduire* et *atteindre*. Aussi bien le mot *tao*, une fois tué, signifie-t-il aussi la voie, le chemin. Quand la

multiplicité des significations peut amener quelque obscurité, les Chinois accolent au mot douteux un autre monosyllabe qui, dans la série de
ses valeurs significatives, ne concorde que par un
seul sens avec le mot douteux. Ainsi le mot *lou*,
parmi ses huit ou neuf significations, présente
aussi celle de *chemin*. Le Chinois s'empare de ce
synonyme explicatif, l'attache au mot *tao* et en
fait le *juxta-posé* (nous ne voulons pas dire
composé), *tao-lou*, chemin, route.

Un procédé non moins caractéristique de l'organisation intellectuelle que nous étudions est la
manière de former le passif. On commence par
tuer le verbe actif pour en faire un nom (mot
mort). Ce nom une fois obtenu, on le fait précéder
en *kouan-hoa*, soit du mot vivant *pei*, recevoir,
percevoir, soit d'un autre verbe actif *khi* ou *ttchhi*,
manger, goûter. Avec les deux verbes *pao*, pro-
téger et *pei*, recevoir, vous formerez ainsi le
passif *pei-pao*, être protégé, littéralement : *recevoir protection*.

L'ordre des mots dans la phrase est fixe : le

sujet d'abord, le verbe ensuite, puis le complément direct ou indirect. S'il y a un adjectif, il se place devant son substantif, comme l'adverbe se met devant le verbe qu'il modifie. Toujours aussi les propositions déterminantes sont devant les propositions déterminées.

Il résulte de ces observations que le chinois, considéré comme langue parlée, est une langue fort simple et, par cela même, très-facile à apprendre *de auditu.* Comme toutes les langues connues, elle a été longtemps parlée avant que d'être écrite. Considéré comme langue écrite, le chinois sort tout à fait de nos habitudes européennes, et présente ainsi, de prime abord, certaines difficultés, mais assez facilement surmontables d'ailleurs.

Si l'on peut comprendre et parler le chinois sans en pouvoir lire une ligne, un mot, on peut de même le lire couramment, sans en connaître un seul monosyllabe. C'est que l'écriture chinoise dessine aux yeux les idées incorporées dans des images : elle est idéologique ou idéographique. Ce procédé idéographique est surtout facilement reconnaissable dans les vieux caractères, où le soleil est dessiné à côté de la lune pour signifier : *éclat, splendeur*, où un œil est dessiné à côté d'une fontaine pour dire : *larmes*, etc., etc. On attribue généralement à Fo-hi, le premier empereur de sa nation, l'invention de ces ingénieux symboles, et la légende ajoute qu'il en eut la première idée à l'aspect de certains signes qu'il vit sur le dos d'un dragon-cheval sorti tout à coup de la rivière de Meng-ho et sur l'écaille d'une tortue sortie de la rivière de Lo-ho. C'est assez dire que l'origine de ces signes graphiques appartient à l'époque légendaire de l'empire chinois.

Ces caractères se divisent naturellement en deux grandes classes : 1° les simples ; 2° les com—binés. Parmi ces derniers, il importe de distinguer ceux qui ne sont composés que d'images dont l'une détermine l'autre en particularisant sa valeur idéologique. Ceux-là, en effet, ne sont faits que pour parler à l'esprit en passant par les yeux. Beaucoup plus importants sont les caractères *combinés* de la seconde espèce (*hing-ching*, images et sons). Leur ensemble se compose d'une image représentant une idée placée à côté d'une autre image privée ici de toute valeur idéographique et ne valant plus que pour le son (syllabe sonore) constitutif du nom de l'objet figuré. Ces caractères *hing-ching* sont donc descriptifs de l'idée par leur première moitié, et purement phonétiques ou indicatifs du son et de la prononciation par l'autre moitié.

On a donné le nom de *chefs de classe* ou de *clefs* à deux cent quatorze signes répartis en dix-sept divisions, selon le nombre de traits dont se compose leur dessin. La première clef, une barre horizontale (—) qui se prononce *hi* et qui vaut *un*, ouvre une série de trente-deux caractères dans le dictionnaire *Tse-Wei*, qui en contient trente-trois mille.

Ne vous effrayez pas trop de ce dernier nombre, car les deux tiers au moins de ces figures sont tout à fait hors d'usage et, parmi les huit à neuf mille caractères indispensables à un littérateur, à un écrivain de profession, il n'en est guère que deux mille qui puissent être considérés comme étant nécessaires à l'expression des faits habituels et des besoins journaliers de la vie.

On le voit, il n'y a rien là de bien difficile, rien surtout qui sente le mystère. Il faudra bien qu'elle tombe cette erreur populaire qui, depuis si long-temps, déclare la vie d'un homme beaucoup trop courte pour lui permettre d'apprendre tous les signes du vocabulaire écrit des Chinois.

Sans doute il faut ici, comme en toute autre étude des choses de l'esprit, un peu de méthode et beaucoup d'ordre. Consultant notre propre expé-rience, nous dirons à l'élève sinologue : Dessinez et dessinez encore les caractères, afin qu'ils se gravent bien dans la mémoire. Seulement, ayez soin de commencer par les plus simples pour ar-river graduellement aux plus complexes. Habi-tuez-vous à la figure et à la valeur, soit comme idée, soit comme son, des signes ou caractères constitués par un seul trait. Beaucoup plus nom-breux viendront ensuite les symboles constitués par deux, par trois, par quatre ou par un plus grand nombre de traits, car il y a tels caractères

qui exigent dix-sept traits pour leur dessin complet. Vous ne dessinerez pas depuis longtemps
d'après cette marche progressive que vous vous
apercevrez du retour perpétuel de certains signes
plus simples devenant les éléments de signes plus
complexes qui les embrassent dans leur unité.
Ceci sera surtout vrai et des figures de deux traits,
telles que celles de *jin*, homme ; *tao*, couteau ; *li*,
force ; et des signes de trois traits, tels que ceux
de *kheou*, bouche ; *thou*, terre ; *ta*, grand ; *niou*,
femme ; *tsè*, fils, enfant ; *chan*, montagne ; et de
ceux de quatre traits, comme ceux de *sin*, cœur ;
cheou, main ; *mou*, arbre, bois ; *choui*, eau ; etc.
Vous les verrez revenir coup sur coup dans la
composition d'une foule de caractères, tantôt
comme éléments idéographiques, tantôt, mais
alors avec une position spéciale dans l'ensemble
du caractère complexe, comme éléments phonétiques, comme signes de prononciation.

Puis il faudra vous dépouiller de toute habitude de construire vos phrases à l'européenne.
Il faudra vous faire enfant, en quelque sorte, pour

parler mieux cette langue d'enfant. Mettez-vous un instant à la place du philosophe chinois Meng-Tseu (1), et vous direz pour lui à la française : « *Quand un prince est* humain, alors *il se prépare de* l'honneur ; *quand il est* inhumain, *il se prépare du* déshonneur, maintenant les princes haïssent le déshonneur et ils persévèrent néanmoins dans l'inhumanité ; cela *est* comme si *quelqu'un* haïssait l'humidité *tout* en demeurant *dans un endroit* bas (*dans un marais*).

Dans la bouche du philosophe du Céleste-Empire, cette période se raccourcira singulièrement et deviendra :

« Humain ainsi honneur, non humain ainsi
    chy   *tse*   *yông*   *po*   *chy*   *tse*
déshonneur ; maintenant haïr déshonneur et
    jo   *kin*   *'oou*   *j o*   *coûl*
persévérer non humain, cela comme haïr
    kou   *po*   *chy*   *chy'*   *yeôu*   *'oou*
humidité et persévérer dessous (particule finale). »
    ta   *eoûl*   *kou*   *hia*   *yè*.

(1) Édition de M. Stanislas Julien, page 56.

Comme dans les phrases du nègre qui s'essaye
à parler français, vous trouvez là le manque presque absolu de ce que les grammairiens appellent
signes de rapport. De là ce rude exercice de tous
les instants pour combler par la pensée les lacunes
de la parole. De là peut-être aussi cette finesse
et cette habileté divinatrices de l'esprit chinois.
Nous sommes en cela d'accord avec le célèbre
Guillaume de Humboldt, qui, dans ses réflexions
sur les Chinois, dit, p. 339 de son essai *Sur la langue Kavi* (*Ueber die Kawi-Sprache*) : « Je ne
» crains pas de paraître amateur de paradoxes en
» disant que c'est cette absence de grammaire
» qui augmente la sagacité de la nation. » Or,
nous maintenons, sans crainte aucune d'être dé-
menti, que cette même gymnastique appliquée
avec quelque persévérance à l'acquisition du génie
chinois, peut rendre des services fort appréciables
au développement de nos facultés d'analyse ; et
c'est là peut-être le plus noble encouragement qui
se puisse donner à tous ceux qui, soit pour cause
de transactions commerciales, soit pour satisfaire

aux exigences d'un poste diplomatique, sont obligés de se familiariser avec l'organisme monosyllabique de la pensée dans l'Asie orientale.

Nous sommes tout naturellement conduit à dire quelques mots sur les inconvénients et les désavantages de toute nature résultant de la substitution des interprètes gagés à l'intelligence et à la pratique personnelle de la langue et, par suite, à l'éloignement de tout intermédiaire. Voici un Chinois qui, tant bien que mal, a appris un peu d'anglais, de portugais ou de français pour devenir *comprador*, mot portugais qui signifie *acheteur*. Si vous ne savez pas la langue du pays, c'est lui qui fera toutes les affaires pour vous, car, seul, il est en relation immédiate avec le producteur ou avec le marchand. Rappelons-nous maintenant ce que nous disions plus haut de l'énorme développement dans la tête jaune des instincts de sécrétivité et d'acquisivité, développement tyrannique engendrant les menteurs et les voleurs. Vous recevez à un moment décisif une lettre de votre correspondant, et votre interprète, tout préoccupé de

ses intérêts personnels, songeant peut-être aux pots-
de-vin promis par une maison rivale de la vôtre,
vous lit de cette lettre ce qu'il veut, comme il le veut,
la transformant au gré de sa ruse et de son besoin
d'acquérir. Représentez-vous ce *comprador* devenu
intermédiaire dans la discussion de graves intérêts
internationaux. Voyez-le, par exemple, traitant,
au nom de tel consul, avec les autorités locales,
avec le gouverneur de la province. D'une éducation souvent plus qu'ordinaire, où donc cet interprète aurait-il pris ce tact et ce sentiment des
nuances si essentiels en matière de diplomatie ?
Comment rendrait-il telle intention fine, telle
attention délicate ? Et, pour l'étranger, diplomate
ou commerçant, une telle position est-elle sup-
portable ? Non, mille fois non ; le chinois, nous
l'avons montré, est une langue trop simple, trop
facile à apprendre, pour qu'on se résigne à subir
le servage des *compradores*, pour qu'on renonce
à faire soi-même ses propres affaires.

D'ailleurs n'avons-nous pas aujourd'hui d'excellents ouvrages pour nous initier à la connais-

sance théorique et pratique de ce curieux et intéressant idiome? Sans parler ici de la fameuse grammaire d'Abel Rémusat, ni du trop célèbre *Dictionnaire chinois français et latin* (composé par B. de Glemona) de de Guignes (Paris, 1813, in-fol.), nous recommanderons surtout les *Exercices pratiques d'analyse, de syntaxe et de lexicographie chinoises*, par M. Stanislas Julien, le plus savant sinologue de notre siècle (Paris, 1842, in-8°); les *Discussions grammaticales sur certaines règles de position qui, en chinois, jouent le même rôle que les inflexions dans les autres langues*, par le même (Paris, 1841, in-8°). Mais ce que nous conseillons par-dessus tout, c'est d'apprendre par cœur, pour les répéter ensuite tous les jours, des proverbes et dictons chinois que l'on aura préalablement analysés et compris à fond. On atteindra par là un double but ; car, en même temps que l'on acquerra une possession solide d'une foule de mots et de tournures chinoises, on se rendra maître d'un élément fondamental de toute conversation avec ce peuple

grave et sentencieux. Les Chinois, en effet, emploient volontiers des citations et des maximes
dans le courant de leurs entretiens. Pour un
étranger qui apprend la langue dans le pays,
une telle habitude présente une difficulté bien
moins grande qu'on ne se l'imaginerait au premier
abord. On se familiarise assez vite avec toutes ces
citations sans cesse reproduites dans des conditions logiques analogues. Et cela est si vrai, qu'il
suffit d'entendre le premier mot d'une sentence
dont on a étudié la teneur et la portée, pour savoir
instantanément toute la pensée de l'interlocuteur
et le but où il veut arriver. Cette manière d'ar-
gumenter en s'appuyant sur des maximes se
rencontre d'ailleurs fréquemment dans deux ouvrages précieux que M. Stanislas Julien a mis à la
portée de tous : nous voulons parler de l'œuvre
du philosophe chinois *Meng-tseu* (1), dont nous
citions plus haut quelques lignes, et du *Tao-te-*

(1) *Meng-tseu vel Mencium*, « inter Sinenses philosophos ingenio,
doctrina nominisque claritate Confucio proximum, edidit, latinâ in-
terpretatione ad interpretationem tartaricam utramque recensita in-
struxit, etc.; Stanislaus Julien, Lutetiæ Parisiorum, 1824, 2 vol. in-8°.

King de *Lao-Tseu* (1). Aux lecteurs quelque peu familiarisés avec la langue anglaise, nous recommanderions instamment le *Dictionnaire de la langue chinoise*, par Morrison (3 parties in-4°, Macao, 1815-1823). Durant tout le temps de notre séjour en Chine, cet excellent livre nous a été d'une incessante utilité. Auprès de ceux qui sauraient un peu d'allemand, nous insisterions pour qu'ils lussent et relussent souvent le troisième livres des *Rudiments de la grammaire chinoise*, par Stephan Endlicher (2) (Vienne, Gerold, 1845, in-8°). Personne mieux que M. Endlicher n'a fait le parallèle du *Kou–wen*, ou ancien style, et du *Kouan-hoa*. S'il indique avec soin ce que les deux *styles* ont de commun, il s'applique sans cesse à mettre en relief ce qui caractérise chacun d'eux, en faisant toujours ressortir les plus petites différences dans les plus grandes ressemblances.

(1) *Lao-tseu Tao-te-King*. Le Livre de la Voie et de la Vertu, de Lao-tseu, philosophe chinois du VI° siècle avant Jésus-Christ, traduit en français et publié avec le texte chinois et un commentaire perpétuel. Paris, 1841, in-8°.

(2) *Anfangsgründe der chinesischen Grammatik*.

Un mot encore et nous avons fini cette étude déjà trop longue. Dans leurs livres imprimés comme dans leurs manuscrits, les Chinois disposent les mots les uns sous les autres, en allant ainsi de haut en bas, par colonnes verticales, lesquelles se succèdent de droite à gauche. Leur imprimerie est restée singulièrement stationnaire, et ce n'est pas sans étonnement qu'on voit un peuple aussi ingénieux conserver tous les errements primitifs d'un art aussi important. Il est même à craindre que la vieille routine ne reste longtemps encore en honneur, et voici pourquoi : les gazettes de Pékin et certains petits journaux, une sorte de moniteurs du commerce publiés dans certaines grandes villes, sont, il est vrai, imprimés en caractères mobiles ; mais là se borne l'emploi de ce mode d'impression. Comment, en effet, pourrait-on faire composer en caractères mobiles un ouvrage de longue haleine ? Voyez plutôt : les ouvrages qui se trouvent dans les bibliothèques impériales ont, en moyenne, 20 000 caractères. Ainsi le *Ly-King* en a

24107 ; le *Chou-King*, 25700 ; le *Chi-King* 39239; le *Ly-Ki*, 99010. Qu'on se figure maintenant le travail surhumain auquel seraient assujettis des compositeurs typographes si, pour imprimer un livre comme le *Ly-Ki*, ils avaient à tâtonner dans 10 à 15000 cassetins, pour en lever les 99000 caractères dont se compose la copie! Il faut bien l'avouer, grande est forcément l'infériorité de l'écriture chinoise devant la reproduction par la presse. Il est si facile de reproduire en caractères mobiles nos textes européens conçus, pour la plupart, dans des langues qui comptent vingt-quatre ou vingt-cinq lettres, rarement trente à trente-cinq, comme les langues slaves, par exemple. Il n'est pas d'ailleurs impossible de prévoir le temps ou un système rigoureux de transcription, à base d'alphabet européen, reproduira toutes les nuances phonétiques du discours chinois, de manière à enlever les suffrages des mandarins eux-mêmes. Pour eux comme pour nous, il y aurait là un pas décisif vers le rapprochement des peuples.

III

LA FAMILLE

Attractions puissantes, instincts vivaces, généreuses protections , tendresses infinies , chaînes
aimées, quel harmonieux ensemble de penchants
divins rappelle ce beau mot : la famille! Épouse
et mère, la femme apparaît ici dans toute la
grandeur de sa mission terrestre. C'est elle qui
est le centre de cet embryon social : elle y représente l'ordre et l'administration de l'intérieur.
C'est par elle aussi que nous commencerons l'étude
de la famille chinoise.

Une des choses qui frappent le plus les yeux
d'un voyageur lorsqu'il pénètre en Chine, c'est la

mutilation qu'on inflige aux femmes et dont on cherche vainement l'origine et les raisons d'être : nous voulons parler de leurs petits pieds et des cruels artifices à l'aide desquels on les obtient.

Dans une maison, lorsqu'il naît une petite fille, ce qui est toujours considéré comme un malheur, on attend, pour arrêter l'évolution naturelle des membres inférieurs, qu'elle ait atteint l'âge de quatorze mois, parfois même dè seize ou dix-huit, selon que la croissance de l'enfant a été plus ou moins prompte. Lorsqu'on juge le moment favorable, on enveloppe les pieds de la pauvre enfant dans deux grandes bandelettes de toile, nommées *tchan-pou* ou *tchio-pou,* en ayant soin de ramener tous les doigts sous la plante des pieds. De cette façon, lorsque l'enfant marchera, il prendra son point d'appui, non sur la partie inférieure du pied, mais sur les doigts qui se trouveront pliés au-dessous dans toute leur longueur.

La pointe de ce pied artificiel se formera tout naturellement par le pouce, qu'on laisse libre et qui, se trouvant dans sa position normale, atteint peu à peu un volume assez considérable. Pour bien se représenter ce que nous essayons de décrire, on n'a qu'à plier, par exemple, tous les doigts de la main droite en laissant le pouce allongé. En posant ainsi le poing fermé sur une surface plane de façon que la partie supérieure et externe des doigts touche cette surface, on aura une image aussi exacte que possible du pied des femmes chinoises.

Si cette monstruosité artificielle permet de chausser de très-petites pantoufles, elle entraîne aussi de bien fâcheuses conséquences. On se rappelle malgré soi la démarche si gracieuse de la Parisienne rasant le sol, lorsqu'on voit s'avancer la femme chinoise hésitant, titubant et marchant comme sur des œufs. Aussi, lorsque les filles du Ciel marchent ensemble dans la rue, ont-elles soin de se tenir par les mains afin d'obtenir le plus d'équilibre possible. La gymnastique naturelle des muscles de la jambe n'ayant pas lieu, les mollets sont nuls et la jambe est tout d'une venue en guise d'échasse. Le pire de tout cela, c'est la

souffrance perpétuelle de ces pauvres créatures
tant qu'elles n'ont pas atteint toute leur croissance. Aux médecins de nous dire l'influence que
ce sourd malaise peut exercer sur le physique et,
par suite, sur le moral de la femme, surtout au
moment si critique de la puberté. Si nos observations ne nous trompent pas, cette barbare coutume est destinée à disparaître bientôt. Déjà la
plupart des familles riches, imitant les femmes
des conquérants tartares, laissent aux pieds des
enfants leur développement naturel. Sans doute
il faudra du temps pour que cet usage invétéré
disparaisse aussi de la populace. Elle est si puissante cette force de l'habitude et de la tradition
qui pousse une mère à faire à sa fille ce que sa
mère lui a fait à elle-même !

Après le mal, disons le bien. On sait que, de
par la nature, la poitrine de la femme présente la
forme d'un cône ou d'une pyramide et que nos
idées sur la beauté féminine poussent nos femmes
à en faire une sorte de petit baril. Autrement
pensent les Chinoises. Elles laissent à la base du

corsage tout son libre développement, ne portent
jamais de corset, le tout au plus grand bénéfice
de leur santé et de celle de leurs enfants.

La Chinoise est nubile de très-bonne heure.
Il est rare qu'elle puisse s'occuper elle-même du
choix de son mari. D'ordinaire tout s'arrange
entre les parents, quand les conventions ne sont
pas faites par un simple entremetteur. Si, chez
nous, la jeune fille achète trop souvent son mari
au prix d'une dot splendide, c'est tout le contraire
en Chine, car le futur y paye en quelque sorte le
prix de sa femme et ne reçoit rien d'elle. N'ou-
bliez pas que la plupart du temps, il l'achète sans
l'avoir jamais vue. Cette sorte d'esclave vivra ren-
fermée par un acheteur jaloux, exposée toujours
à la répudiation et parfois à une vente honteuse.
Ses droits naturels les plus légitimes, aucune loi
civile ne les lui garantit. Là, dans sa maison, elle
verra, non pas à côté d'elle, il est vrai, mais au-
dessous d'elle et comme faisant partie de sa haute
domesticité, une, deux, trois, voire même quatre
et cinq concubines. Seulement, les enfants de ces

femmes, si elles en ont, ne leur appartiendront pas ; ils seront à la femme légitime et c'est à elle seule qu'ils pourront donner le doux nom de mère. Aussi bien prendront-ils part à la succession, dans de moindres proportions toutefois. Ils porteront même le deuil de la mère commune, et ils le porteront pendant trois ans.

Pour nous Européens, qui savons que la femme vaut l'homme par voie de compensation, car elle a ce qu'il n'a pas, comme il possède ce que la femme ne possède pas, nous ne saurions jeter un regard dans un tel intérieur sans souffrir et sans songer à ce que le christianisme a déjà fait, à ce que la civilisation fera encore pour l'émancipation de la femme.

En Chine, l'enfant n'est protégé que par l'affection qu'il inspire. Comme chez les Romains d'autrefois, les parents ont droit de vie et de mort sur les produits de leur amour. Ils peuvent les vendre, et l'on voit souvent un homme riche acheter un enfant pauvre pour s'en faire un héritier. La loi autorise même l'exposition pure et simple sur la voie publique. Mais la vente est ce qu'il y a de plus profitable, et nous connaissons par notre première *Étude* les instincts rapaces des habitants du Céleste-Empire. Les enfants mâles se vendent assez bien, même dans la plus grande enfance. Quant aux filles, elles sont d'un placement plus difficile lorsqu'elles n'ont pas une huitaine d'années. Les petits garçons sont destinés à devenir domestiques de quelque mandarin, employés chez quelque marchand, ouvriers de fabrique ou simplement hommes de peine. Les bonzes achètent aussi beaucoup de ces pauvres petits, les élèvent comme leurs domestiques et leurs disciples pour en faire parfois leurs successeurs. Les malheureuses petites filles ne sont guère achetées que pour être destinées à la prostitution et être élevées à cette fin dès leur plus bas âge. Il est bon d'insister sur ces tristes spéculations pour faire tomber le préjugé européen qui, convertissant les Chinois en pères cruels et insensés à la fois, leur fait jeter à l'eau une masse d'enfants dont une partie seulement peut être sauvée à l'aide des gros sous venus de France, de Belgique et d'ailleurs. Ce préjugé, du reste, ne manque pas d'un certain fondement historique. Parfois des enfants venus au monde dans un état de difformité repoussante ont été noyés par leurs parents et, de nos jours encore, on cite des exemples de ce triste expédient chez les populations nombreuses qui habitent sur des bateaux amarrés les uns aux autres et formant à Canton, à Schang-haï et dans beaucoup d'autres lieux, de véritables villes flottantes.

C'est encore à des récits des voyageurs qui, ne sachant pas la langue du pays, ne pouvaient se faire expliquer ce qu'ils voyaient ou croyaient voir, que nous devons une autre erreur non moins grossière. Il y a là-bas, racontent-ils, des puits où l'on jette les enfants tout vivants. Écoutez et voyez une fois de plus comme on écrit l'histoire.

Il existe dans toutes les villes chinoises de deux à six larges tours dont les murs s'élèvent à trois mètres au-dessus du sol. Quelques marches conduisent jusqu'à mi-hauteur de cette construction, et, lorsqu'on est parvenu à la dernière, on est séparé de.l'intérieur de cette tour par un parapet de plus d'un mètre cinquante centimètres. La circonférence de la tour offre un diamètre de six à dix mètres ; sa profondeur au-dessous du sol est d'environ quinze mètres, ce qui donne pour la profondeur totale une mesure approximative de vingt mètres. C'est là, alors qu'il meurt un enfant, que ses parents viennent le jeter. Ils font bien proprement du cadavre un petit paquet, entouré d'une natte bien ficelée, puis, sans autre démarche à faire, ils le jettent par-dessus le parapet. J'ai vu de ces tours dans plusieurs villes chinoises, et je ne comprends pas que l'odeur qui s'en exhale ne donne pas la peste aux quartiers voisins, surtout dans le sud. Les Chinois ne semblent nullement s'apercevoir qu'il y ait dans ces exhalaisons infectes quelque chose qui puisse les incommoder ou nuir gravement à leur santé. Et pourtant, les jours de grande chaleur, lorsque le soleil donne d'aplomb dans l'intérieur de ces tours, il en sort une odeur si forte et si fétide, qu'un Européen la sentirait à plus d'un kilomètre.

Il se trouve un de ces puits dans la ville de Schang-
haï, non loin de la concession française. Eh bien,
tel est l'attachement de tous les peuples de la
terre pour leurs usages traditionnels, qu'il rendit
inutiles toutes les démarches faites pendant plusieurs années par les consuls d'Europe pour obtenir la destruction de ces charniers humains.
Toujours les autorités locales répondirent que, les
habitants du lieu supportant sans inconvénient
ces miasmes fétides, les Européens n'en devaient
être nullement incommodés, eux qui habitaient
à des distances relativement considérables.

Et maintenant, dire que çà et là quelques parents ne jettent pas dans ces tours certains enfants
vivants, dont ils veulent cacher l'existence, ce
serait exagérer et vouloir rendre l'infanticide en
Chine moins répandu qu'en Europe.

Un jour nous voulûmes voir l'intérieur de l'une
de ces tours-sépulcres, et à l'aide de quelques
pierres dont nous pûmes nous aider, nous par-
vînmes facilement à nous asseoir sur le petit mur
du parapet. Impossible de compter le nombre de

petits paquets qui, tous de la même forme et de la même grandeur, gisaient au fond de la fosse : il pouvait y en avoir là aussi bien deux mille que quinze cents. Ce que nous savons bien, c'est que la tour en était aux trois quarts pleine.

A Pékin, dans les divers quartiers, il passe chaque jour, dès l'aube, cinq tombereaux, et ceux des habitants qui ont envie de se défaire d'enfants vivants ou morts les remettent aux conducteurs pour être, ceux-ci enterrés, ceux-là élevés aux frais de l'État. A ce sujet, il ne faudrait pas trop se hâter de jeter la pierre aux Chinois ; mieux vaudrait, en effet, se souvenir de l'immense quantité d'enfants trouvés que les parents abandonnent en cachette aux portes de nos hôpitaux ou ailleurs. En Chine, on agit en cela plus ouvertement : c'est là que gît toute la différence. Encore un coup, l'infanticide n'est pas plus répandu en Chine que dans les autres pays, et si l'on pouvait découvrir tous les crimes cachés, certaines nations d'Europe, bien que relativement plus civilisées, seraient peut-être, sous ce rapport, plus démoralisées que ne le sont les Chinois.

Au sein de la famille qui fait l'objet de cette étude, il est un point d'éducation qui domine tous les autres ; nous voulons parler de l'enseignement et de la pratique des devoirs qui lient les enfants devant les auteurs de leurs jours. On ne saurait se faire, en Europe, une idée du respect presque religieux des enfants pour leurs parents. Un fils n'est jamais rien dans la maison de son père, et celui-ci a le droit de vendre sa progéniture si bon lui semble. L'étrange raison qu'ils donnent pour expliquer cet étrange pouvoir, c'est que, tout homme pouvant toujours se vendre lui-même, il n'est pas admissible qu'un père ne puisse avoir autant de droit sur la personne de son fils que ce fils n'en a sur lui-même. Un fils qui, dans la rue, accompagne son père, n'oserait pas marcher à son côté : il le suit respectueusement à un pas de distance, toujours prêt à exécuter ses ordres. D'une tout autre nature est le respect du fils pour sa mère. Le rôle de la femme en Chine est si malheureux, nous allions dire si abject, qu'elle se trouve toujours dans une position secondaire. C'est ainsi qu'après la mort de son mari, elle doit, d'après la loi, rester soumise à son fils. Nous ne connaissons d'ailleurs dans la législation du Céleste-Empire qu'une seule disposition favorable à la femme, c'est la loi qui l'autorise à prendre un second mari si le premier reste éloigné du domicile conjugal durant trois années. On conçoit aisément que cette sorte de servage où les mœurs et les lois retiennent la femme diminue singulièrement la somme de vénération due aux saintes fonctions de la maternité.

Cet amour filial si respectueux ne s'arrête pas devant la tombe; il continuera de poursuivre son objet, non pas comme un pur souvenir, mais comme une réalité psychique. Le Chinois croit fermement que ses parents défunts, sous un autre mode d'être, continuent de l'entourer et de vivre avec lui dans une sorte de perpétuelle communion. Ce que nous appelons *ciel, paradis,* n'est pas un lieu pour lui, c'est un état. Qu'on se place un instant devant les aspirations de l'humanité vers une succession de vies; qu'on se rappelle ce principe inattaquable : Les attractions sont proportionnelles aux destinées; qu'on se dise ensuite : Rien n'est plus possible en soi que l'entrée en fonctions, au moment de la mort, d'un organisme éthéréen ou aromal servant d'intermédiaire ici-bas entre le corps opaque et l'ensemble harmonique des énergies inétendues qui constituent l'homme dans ce qu'il a d'essentiel et de positif, et l'on comprendra que l'être au delà du tombeau réalise un progrès véritable en conservant son individualité, c'est-à-dire en restant limité par un organisme propre et distinct. Et maintenant quand, poussé par cette foi instinctive et philosophique, le Chinois ose affirmer la réalité des communications spirituelles entre les morts et les vivants, il ne fait qu'écouter la logique du cœur, et nous ne saurions l'en blâmer, bien au contraire.

On conçoit tout ce qu'une pareille croyance peut enfanter de graves pensées et de pieuses pratiques. Dans les palais, chez les riches mandarins, et même chez toutes les personnes aisées, vous

trouverez une salle à part, appelée salle des ancêtres : c'est en quelque sorte le temple où leur
culte se célèbre. Elle est, dans toute construction
nouvelle, le premier bâtiment qu'on élève. Et de
même, les vases destinés aux cérémonies funé-
raires sont les premiers qu'on achète, et, quelque
pauvre que l'on devienne, on ne les vend jamais.
Telle est dans une habitation chinoise l'importance de la salle des ancêtres, que sa destruction
par ordre de l'empereur, en punition d'une conduite blâmable, est considérée comme le plus
grand malheur qui puisse affliger la famille. Cette
pièce est ordinairement carrée et présente en face
de l'entrée principale une petite construction en
maçonnerie formant une espèce d'autel sur lequel
on brûle des parfums. Au-dessus de ce petit autel,
et adossé au mur, se trouve parfois le portrait du
fondateur de la famille. Tout à côté, on voit une
petite tablette de bois sur laquelle on inscrit les
noms de tous ceux qui naissent et qui meurent.
Après le décès d'un membre de la famille, les
survivants placent sur l'autel de petites sou-

coupes pleines de mets dont le défunt avait coutume de se nourrir. S'ils agissent de la sorte,
ce n'est certes pas, comme l'ont cru plusieurs
voyageurs, dans le but de fournir à l'âme du
mort des offrandes dont elle puisse se réconfor-
ter, mais bien pour témoigner à l'absent que,
malgré son départ, ils sont encore heureux de le
servir.

Les Chinois portent le culte des morts à un tel
point, qu'ils ont voulu faire refluer sur eux les
honneurs et les dignités que pouvaient conquérir
leurs descendants. Aussi la noblesse, en Chine,
est-elle ascendante et non descendante. Lorsqu'un
homme se distingue, soit comme lettré ou comme
soldat, soit dans les arts, les sciences ou le gouvernement, il obtient facilement de l'empereur
de reporter sur son père, son grand-père, son
aïeul, son bisaïeul et même son trisaïeul, les dignités qu'il a lui-même acquises. Il est rare qu'on
puisse dépasser dans cette marche ascendante son
trisaïeul, considéré d'habitude comme le fondateur de la famille ; il faut pour cela des services

extraordinaires et une autorisation toute spéciale de l'empereur.

Lorsqu'un dignitaire a obtenu l'autorisation de reporter sur ses ancêtres les honneurs dont il est revêtu, il peut les faire peindre dans le costume de mandarin et avec le rang qu'il a lui-même, que son père ait été menuisier, bûcheron ou simple cultivateur. Ce n'est pas tant pour avoir la satisfaction de contempler leurs ancêtres représentés en un semblable costume que les Chinois briguent l'honneur de cet anoblissement rétroactif; non, leur piété filiale ne s'arrête pas à ces détails puérils, et beaucoup plus grande est leur ambition. Ils voient dans cet anoblissement une question de justice. Leur vénération pieuse est si grande pour leurs aïeux, ils éprouvent un tel besoin de se tenir devant eux dans une sorte d'infériorité morale, qu'ils veulent pouvoir faire en leur honneur toutes les cérémonies funèbres qu'on devra leur faire un jour à eux-mêmes. Ne fallait-il pas, au demeurant, que ces parents fussent bien remarquables pour engendrer un fils aussi distingué? N'est-il pas juste que cela soit reconnu, proclamé? Un philosophe initié aux lois de la physiologie pourrait ajouter : « N'est-ce pas en s'appliquant à exercer avec persévérance les plus nobles facultés de l'esprit que le père a développé, dans son cerveau, les organes qui leur servent à la fois d'instruments et de limites? Les lois les mieux établies de l'hérédité ne constatent-elles pas que ces organes *avec leur forme acquise* sont transmissibles par voie de génération. N'est-il pas vrai de dire que le fils bénéficie d'une puissance de développement organique due à la sage conduite et aux vertus de son père? Et puisque la mort n'a fait que changer, par un nouveau progrès, la condition ou la manière d'être de ce même père, oseriez-vous donner tort au fils de sentir si profondément sa dépendance, et de manifester avec tant de bonheur cette touchante gratitude qui n'est, après tout, qu'une des formes de la justice?

En dehors de la maison impériale et des descendants de Confucius, les priviléges héréditaires sont rares en Chine. Il y en a pourtant, et c'est, en général, aux héritiers de quelque soldat illustre qu'ils ont été accordés par les empereurs. Ce mot d'*illustre* nous gêne bien un peu depuis que nous l'avons écrit, car nous avons acquis la conviction que, la plupart du temps, les faits d'armes auxquels on avait décerné de tels honneurs n'étaient pas toujours d'un éclat à percer la nuit des temps. Jamais, du reste, un Chinois n'estimera un privilége de noblesse héréditaire ou descendante à l'égal de l'autorisation d'anoblir son père : on sait maintenant pourquoi.

Les soins pieux de la famille ont parfois un objet plus pressant encore que le culte plus intime et plus calme des habitants de l'autre monde. Quand la mort a fait son œuvre, la famille chinoise tient à garder longtemps auprès d'elle les restes inanimés de celui qui est parti. On met bien une grande quantité de chaux dans le cercueil pour hâter le travail de réduction chimique ; mais ce cercueil on le garde chez soi très-longtemps dans la salle des ancêtres. Il n'est pas rare de

voir huit ou dix cercueils dans la même maison.
Ceux à qui leur fortune ne permet pas de posséder une telle salle des morts gardent devant la
porte de leur maison le cercueil aux restes véné-
rés. Le cercueil est d'ailleurs un meuble dont le
Chinois aime à s'occuper durant sa vie. Après un
an ou plus de ce culte *at home* des reliques de famille, on les transporte au champ du repos. Là
elles sont déposées dans des fosses qui n'ont que
trois à quatre pieds de profondeur. Au-dessus de
la fosse, on élève un *tumulus* en terre dont la grandeur et la hauteur sont proportionnées au rang
que le défunt occupait dans le monde. L'origine
de ces *tumuli* ne doit pas remonter bien au delà
de Confucius, car après avoir amassé une forte
quantité de terre sur le tombeau de sa mère et
sur celui de son père, il dit à ses disciples : « On
n'accumulait point de terre autrefois sur les
tombeaux comme on le fait aujourd'hui ; pour
moi, qui n'ai point de demeure fixe, j'ai élevé une
butte de quatre pieds de haut pour reconnaître
sûrement où mon père et ma mère sont enter-

rés. » Le tumulus de Confucius lui-même s'élève à une très-grande hauteur ; c'est un lieu de pèlerinage où bien des empereurs se sont rendus et où la plupart des lettrés qui peuvent entreprendre ce voyage ne manquent pas de se rendre, au moins une fois dans leur vie.

Enfin, le deuil lui-même offre, en Chine, quelque chose de plus religieux et de plus sévère. Après la mort de son père, un fils couche sur la dure pendant cent jours, et il serait malade qu'il n'accepterait pas de coucher dans un lit. Durant toute la première année, il n'aura de commerce avec personne, pas même avec sa femme ou avec ses concubines. Et ce deuil durera trois ans. Pour son mari, une femme doit rester dans le deuil au moins vingt-sept mois ; pour sa femme, le deuil d'un mari est d'un an complet. Mais tous ces témoignages de douleur et de respect filial dureront plus que le deuil officiel, et tous les ans de lugubres cérémonies réuniront auprès des tombeaux tous les membres d'une même famille.

IV

LA SOCIÉTÉ

Après la famille, la société, dont elle est le noyau. En Chine, elle en est encore le parfait modèle. Le pouvoir absolu que le père possède sur ses enfants, quel que soit leur âge, l'empereur l'exerce sur ses sujets, quelle que soit la classe à laquelle ils appartiennent. Seulement, tandis que le père de famille est soumis à la loi, il est encore l'esclave des volontés de l'empereur, et l'empereur est au-dessus de la loi. Voilà donc un gouvernement despotique sans le moindre tempérament, sans l'ombre d'une loi commune ou d'une constitution quelconque réglant les rapports des sujets avec leur impérial seigneur et maître.

Il est là, ce maître souverain, à la tête d'une population de plus de trois cents millions d'âmes, comme un être d'une nature supérieure et exceptionnelle, ne recevant jamais de remontrances que celles du Ciel dont il se dit le fils. Ses sujets sont religieusement convaincus qu'il est en relation intime avec le Créateur des mondes, et de là cette vénération dont ils l'entourent, cette adoration béate prodiguée non-seulement à sa personne, mais encore à ses images. De là aussi quelques désagréments bien graves. Voyez plutôt : si le temps est magnifique, si les récoltes sont bonnes, si le pays est prospère, c'est à la puissante intercession de l'empereur qu'il faut en savoir gré. Mais si la sécheresse trop prolongée ou de terribles inondations amènent la disette et le malaise général, c'est que l'empereur a péché devant Dieu ; c'est lui qui en est responsable. Aussi bien le despote, esclave malgré lui de l'opinion publique, s'adonne-t-il alors à toutes sortes d'actes de pénitence et d'humilité. Y aurait-il eu un tremblement de terre si l'empereur n'avait commis quelque mauvaise action? Et ces troubles révolutionnaires agiteraient-ils jamais l'empire, sans un manquement grave de son chef? Et dire que cet impérial pécheur est dominé lui-même par cette foi aveugle qui nous défend de traiter de vaines et hypocrites simagrées les jeûnes et les humiliations auxquels il se soumet!

Placés entre lui et la nation, les ministres de l'empereur ne font qu'exécuter ses volontés. Tout émane du souverain, pouvoir, dignités, honneurs, châtiments et récompenses. Parmi les premiers serviteurs qu'il charge de présider aux départements de l'administration centrale, il choisit un conseiller intime, un ministre par excellence. Par ce premier ministre, il sait tout ce que savent de l'intérieur et de l'extérieur les présidents des diverses branches administratives, lesquels à leur tour connaissent, par les rapports détaillés des commissaires qu'ils envoient dans toutes les directions, tout ce qui se passe dans l'empire. De son côté l'empire a la satisfaction d'apprendre par la *Gazette de Pékin* les moindres détails de la vie de l'empereur. Et ici, par détails, nous n'entendons pas seulement parler des actes administratifs, des honneurs accordés, des punitions infligées, etc., nous voulons parler des mets qu'il a daigné manger, des jeûnes auxquels il s'est soumis, de la profondeur et de l'excellence de son sommeil durant la dernière nuit, car la *Gazette de Pékin*, ce *Moniteur* du Céleste-Empire, est un journal quotidien.

Pékin, ou mieux à la chinoise Pei–king, mot à mot *capitale du Nord*, est depuis 1863 la capitale de tout le pays. Avant Pékin, c'était Nankin qui occupait ce rang. Plusieurs autres villes, même des villes de deuxième et de troisième ordre, ont aussi, sous diverses dynasties, joui de ce suprême honneur.

Assez sur la cour et sur ses résidences, parlons des différentes classes de la société chinoise.

Ces classes sont au nombre de quatre :

1° Les lettrés ou les nobles ;

2° Les agriculteurs ;

3° Les industriels ;

4° Les commerçants.

A l'intelligence cultivée, la suprématie, la noblesse. Il y a là environ sept cent mille nobles, parmi lesquels plus de cent mille employés civils de tout grade, cinq cent mille gens de lettres ayant pris leurs degrés et aspirant aux fonctions publiques ; enfin, soixante-quinze mille officiers militaires.

L'institution des lettrés remonte au xi° siècle avant notre ère ; mais le système des examens pour l'obtention des grades, tel qu'il existe aujourd'hui, ne date que du viii° siècle de notre ère, vers le commencement de la dynastie des Tang. Il n'y a pas de positions auxquelles les lettrés ne puissent aspirer. Si là, comme partout, la faveur peut en faire parvenir quelques-uns aux plus hautes charges du gouvernement, nous devons leur rendre cette justice que de semblables privilégiés ne constituent en Chine qu'une minime exception. Ces faits de favoritisme ne font d'ailleurs que confirmer la règle générale : on n'admet aux hautes positions que ceux qui peuvent y parvenir par leur mérite personnel.

Ceux-là, du reste, ne sont pas dignes d'envie qui, par faveur, se font accorder le gouvernement d'une ville ou d'une province ; car, s'ils ont le malheur de laisser voir leur inaptitude, ce qui ne peut manquer d'arriver un jour ou l'autre, ils sont cassés, dégradés, mis au rang du peuple ; et, pour peu que leurs fautes soient présentées à la cour sous un jour défavorable, ils expient souvent par la mort les erreurs de leur vaine présomption.

Le séjour des Européens en Chine a coûté la vie à de nombreux dignitaires chinois. Après toutes les tentatives imaginables pour empêcher les Européens de venir fonder quelque établissement sur leur territoire, les fils du Ciel, à différentes époques, ont été obligés, par des raisons de force majeure, à faire des concessions qui les entraînaient à en faire d'autres, et, de proche en proche, ils virent, sans pouvoir l'empêcher, des Européens s'établir en colonies sur leurs côtes et y fonder des villes d'une importance qui s'accroît chaque jour davantage. Or, lorsqu'on s'était introduit sur leur sol à coups de boulets de canon, et qu'on s'y maintenait par cette même force brutale, il fallait bien que l'empereur envoyât des mandarins ou lettrés comme ambassadeurs auprès de ces téméraires qui venaient, malgré eux, s'implanter dans leur pays. Ces pauvres lettrés, forcés d'obéir, se rendaient immédiatement auprès des Européens afin de leur enjoindre, de la part de leur maître, de quitter au plus vite le territoire de la Chine. Ces malheureux étaient bien forcés de faire, malgré eux, aux Européens quelques concessions. *Inde iræ*, car presque tous ceux qui ont été chargés de pareilles négociations ont payé de leur vie l'honneur d'être revêtus des hautes dignités de l'empire, et d'avoir été chargés par leur souverain maître de ces ordres qui ne sont jamais discutables.

Non-seulement on n'admet pas que l'empereur puisse se tromper; on n'admet même pas que quelqu'un ose jamais supposer qu'il se trompe.

Le mandarinat présente huit grades successifs. Pour passer d'un grade à un autre, les lettrés sont obligés de subir des examens, et ce n'est qu'à Pékin seulement qu'on peut leur décerner les premiers grades. Aussi, aux différentes époques de l'année fixées d'avance pour ces examens, voit-on arriver dans la capitale de tous les points de l'empire une foule de gens lettrés voyageurs. On a soin de faire coïncider certaines fêtes publiques avec le séjour des lettrés dans la métropole, et il n'est pas rare que la population habituelle de la ville s'augmente en quelques jours de plus d'un million d'étrangers.

Les dynasties sous lesquelles les lettrés ont eu le plus d'importance et de gloire sont celles de Tcheou, des Han, de Tang, des Soung et des Ming.

En parlant de l'anoblissement des ancêtres, nous avons déjà dit comment les mandarins portaient, sur leur chapeau, la marque distinctive de leur grade. Ce sont de petites boules, soit en corail, pour les deux premiers degrés, soit en lapislazzuli pour le troisième et le quatrième, soit encore en jade blanc ou mate et en cuivre pour les quatre derniers.

Ces huit différents signes distinctifs classent tous les mandarins, depuis le simple bachelier jusqu'à ceux qui ont leur place au Conseil privé de l'empereur.

Les officiers militaires ont aussi ces mêmes signes distinctifs, et les grades de leur armée correspondent ainsi aux grades des lettrés.

Des trois cent millions d'âmes dont nous parlions plus haut, ôtez les sept cent mille lettrés et vous aurez le peuple, un peuple immense, avec ses laboureurs, ses industriels et ses ouvriers, ses commerçants de toute espèce. Nous avons dit pourquoi les Chinois sont aptes à la production de la richesse. Nous verrons dans des études spéciales ce que l'agriculture, l'industrie et le commerce sont aujourd'hui chez cette nation si habilement industrieuse, si infatigablement active.

L'instinct du commerce et le désir de gagner de l'argent semblent se saisir des Chinois au sortir du berceau. Comme les femmes ne paraissent jamais dans les boutiques, c'est un coup d'œil assez curieux pour un Européen que de voir cette masse d'enfants remplaçant leurs mères et faisant les emplettes du ménage paternel avec un sang-froid et une habileté remarquables. De retour à la maison, les enfants jouent entre eux. Il y en a toujours un qui est marchand, banquier ou spéculateur, et ils trouvent parfois d'incroyables combinaisons qui feraient honneur à nos financiers d'Europe. Il est incontestable que les Chinois nous sont très-supérieurs sous ce rapport, et il n'y a pas un marchand du Céleste-Empire, si bête qu'il soit, auprès duquel un Européen se sente en parfaite sûreté lorsqu'ils traitent une affaire ensemble.

Les enfants suivent-ils la voie tracée par leur père, et succèdent-ils à ces derniers dans leur profession ? Il importe de distinguer ici entre les petits marchands et les riches commerçants. Chez tous les petits marchands qui n'ont que leur boutique, n'ayant pour vivre que le gain de chaque jour, le fils remplace son père, dont il ne respecte la maison que parce qu'il a l'espérance qu'elle le mènera à la fortune. Chez les riches commerçants, ayant de grandes fortunes acquises, et qui transportent d'un bout à l'autre de l'empire des marchandises chinoises et étrangères, il est beaucoup plus rare de voir un fils succéder à son père. Les fils de ces riches négociants regardent comme au-dessous d'eux d'agir comme ont agi leurs pères, et, comme ils sont habitués dès l'enfance à un certain luxe relatif, ils se lancent presque toujours dans des dépenses qui les mènent promptement à la ruine. Lorsqu'ils ne sont pas assez savants pour conquérir eux-mêmes les grades et les dignités auxquels ils aspirent, ils les achètent et payent bien cher le droit de porter un globule sur leur chapeau. Il est du reste assez rare de voir une fortune chinoise se transmettre de père en fils. Il en est un peu pour les fortunes privées comme pour les fortunes politiques où, presque toujours, le fils d'un grand ministre termine ses jours dans la misère. Suivez, à travers les événements de l'histoire du Céleste-Empire, les grands hommes qui se sont approchés du trône, et vous verrez que leurs fils ont été rarement mandarins et, chose plus fâcheuse et plus caractéristique à la fois, qu'ils ont presque toujours eu à payer, au prix de la misère matérielle, la faveur passée de leurs pères.

Le luxe proprement dit est inconnu en Chine. Les riches marchands dont nous venons de parler sont peut-être les seuls qui ajoutent à la satisfaction de leurs besoins journaliers un inutile superflu. Les mandarins les plus riches vivent aussi simplement que possible. Ils portent leurs habits aussi longtemps que l'étoffe le permet, et comme les chemises leur sont inconnues autant que les mouchoirs de poche... nous avons hâte de dire que les taches et la saleté ne sont pour eux qu'un inconvénient sans importance. On pourrait croire que, n'affectant pas les habitudes d'un luxe extérieur, ils se livrent chez eux, en guise de compensation, soit aux douceurs de la table, soit au plaisir de vivre dans de splendides appartements. Il n'en est rien, cependant, et la seule passion des

Chinois qui puisse être appelée luxueuse est leur passion pour l'opium. Ils aspirent les vapeurs narcotiques de l'extrait aqueux de ce suc végétal en soumettant à la flamme d'une lampe le bout du petit bâton qu'ils ont formé et qu'ils ont introduit dans un petit trou pratiqué au sommet de la tête fermée d'une pipe spéciale, fort différente de la pipe à tabac.

Toutes les professions sont libres. Les artisans ne payent pas d'impôts. Cela établit naturellement une grande concurrence, laquelle est d'autant plus favorable au public que chaque marchand tâche de vendre à meilleur compte que son voisin.

En Chine, les marchands sont placés au plus bas de l'échelle sociale ; on les considère comme ne vivant que du trafic qu'ils font sur le travail des autres. Moins instruits, moins policés que les marchands, les cultivateurs leur sont pourtant préférés. Il est vrai que l'agriculture est tenue en grande estime dans tout l'empire, et qu'elle exige un labeur rude et incessant, car on n'y laisse pas aux terres une ou plusieurs années de repos. Un cultivateur qui laisserait sans le cultiver, durant trois années, un champ quelconque, s'en verrait déposséder par le mandarin du district. Nous devons dire toutefois que, bien qu'ils aient sans cesse les yeux ouverts, ce n'est pas à cette loi que les mandarins doivent les plus sûrs avantages de leur position.

Bien qu'ils ne soient pas doués d'une force physique supérieure à celle de nos Européens, les Chinois parviennent néanmoins à exercer des métiers auxquels un homme d'Europe ne résisterait pas. Comme porteurs de fardeaux, comme porteurs de chaises, ils semblent infatigables. Comme nous ils sont soumis à la loi de l'habitude, de cette loi qui finit par nous rendre d'une exécution facile des travaux qui nous paraissent impossibles au premier abord. Mais ils ont sur nous l'incontestable avantage d'être moins sensibles à la douleur, élément physiologique d'une portée immense quand il s'agit d'endurcir le corps aux fatigues et aux souffrances de toutes sortes.

Il faut voir avec quelle aisance relative ils supportent la faim et la soif. Le travail leur coûte moins qu'à nous.

Presque tous les États ont une sorte d'association coopérative. Le commerçant est heureux de se sentir soutenu par sa corporation, qui, pour lui, doit être paternelle et qui, à un moment donné, peut lui être d'un certain secours, grâce à une caisse où chaque associé dépose une certaine somme par an. Ce besoin de s'associer est poussé assez loin chez les Chinois, où les plus pauvres sont les plus désireux de se réunir en corporation. Ainsi les mendiants possèdent, dans presque toutes les villes, une assez bonne organisation. La corporation des mendiants de Pékin, par exemple, est connue dans tout l'empire par les soins paternels qu'elle prend de chacun de ses membres. Les voleurs eux-mêmes semblent avoir reconnu la nécessité de se former en compagnie et d'obliger ainsi la police à compter avec eux. Le gouvernement, sous ce rapport, laisse son peuple agir à sa guise, et il n'y a que les associations politiques et les conspirations qui soient défendues et poursuivies avec toute l'énergique activité dont est capable le tribunal des crimes.

L'empire de la Chine est trop vaste pour ne pas offrir des différences notables dans les habitudes morales et sociales de ses diverses populations. La vie ne saurait être la même dans l'extrême nord et dans l'extrême sud, dans les régions alpestres et dans les plaines qui descendent vers l'Océan. Aussi le même décret impérial ne produit-il pas le même effet dans toutes les parties du pays. Comment pourrait-on vouloir établir, soit une loi nouvelle, soit un usage nouveau, qui fussent considérés dans tout l'empire comme une bonne chose ou comme une mesure d'un grand avenir. Le mélange des races a progressivement amené des différences de caractère et des antipathies insurmontables. Est-ce que toute la population du nord n'est pas plutôt mantchoue que chinoise? Comment les vaincus du sud, toujours si fiers, pourraient-ils pardonner aux Tartares du nord? N'ont-ils pas, ces enfants du Céleste-Empire, mille raisons de croire les Tartares Mantchous d'une race inférieure à la leur? Un seul fait donnera une idée de la haine qui les sépare.

Lorsque nos armées marchaient sur Pékin, ces mêmes gens du sud qu'on avait enrôlés au nombre de 2000 comme moyen de transport, et qui étaient chargés, par exemple, de porter les échelles lorsqu'on devait donner l'assaut d'un fort, loin de se retirer, leur mission une fois accomplie, et de laisser monter nos soldats, voulaient toujours passer les premiers et se battre corps à corps avec leurs compatriotes. Dans notre dixième et dernière étude, nous examinerons quelques-unes des conséquences politiques de ces antipathies toujours si vivaces entre les deux principales branches de la population chinoise.

Il est encore deux institutions publiques inséparables de la question sociale, nous voulons parler de la Justice et de la Religion.

Si les nobles des huit grades ne peuvent être mis en jugement sans une autorisation spéciale de l'empereur; en revanche, gare aux soupçonnés et aux prévenus pris dans les trois classes du peuple. Pour tous, l'accusation possède la plus grande liberté : pour personne il n'y a jamais liberté de la défense, par cette excellente raison qu'il n'y a ni défense ni défenseurs. Il n'y a pas d'avocats en Chine. Le Code pénal est très-sévère et il menace de peines corporelles à tous les degrés du châtiment. Des coups de bâton, encore des coups de bâton, toujours des coups de bâton, même comme prélude ou accompagnement de peines plus graves. Nous convenons volontiers que les magistrats trouvent aisément des circonstances atténuantes, et les bourreaux eux-mêmes ont coutume de diminuer de moitié le nombre des coups de bambou infligés par la sentence. Le bannissement, soit temporaire, soit à perpétuité, toujours avec accompagnement de bastonnade, est plus souvent prononcé que la peine de mort, soit par le glaive, soit par la strangulation. Toutefois, la peine capitale est prononcée contre des délits qui nous paraîtraient d'une insuffisante gravité. Ainsi sont punis de mort et l'esclave qui a

frappé son maître et le fils qui a eu le malheur
de frapper son père, sa mère, son grand-père ou
sa grand'mère. Mais ce qui est plus terrible encore, c'est que la même peine atteint le fils ayant
offensé par des paroles seulement son père, sa
mère, son grand-père ou sa grand'mère. Heureu-
sement que la peine capitale est beaucoup moins
souvent exécutée que prononcée ; et cela est si
vrai que, dans cet immense pays, on ne compte
guère par an qu'une moyenne de douze cents
exécutions à mort. La loi veut que toutes les con-
damnations capitales prononcées dans le cours de
l'année soient exécutées le même jour, et ce jour
est un jour d'automne, ce qui ne manque pas
d'une sombre poésie.

En dehors d'un nombre relativement minime
de chrétiens, les Chinois qui ne sont pas bouddhistes appartiennent soit au vieux culte national
restauré par Confucius, soit au culte de *Tao-tse*
ou de la *raison primitive*, établi dans le VIIe siècle avant notre ère par le philosophe Lao-Tseu.
Ce dernier culte a des prêtres plus ou moins

astrologues, voire même des prêtresses plus ou moins magiciennes ; tandis que l'ancien culte n'a d'autre pontife que l'empereur, priant et sacrifiant au nom de son peuple. Cette religion de Confucius est un sévère monothéisme, et si l'Être suprême n'y a point de prêtres, il y compte au moins des temples très-nombreux.

C'est à la fin du premier siècle de notre ère que le bouddhisme pénétra en Chine, et y fit bientôt les plus rapides progrès. Les Chinois n'ayant ni B, ni D, firent du nom Bouddha leur *Fo-tho*, et par abréviation *Fo*, comme ils firent de *Brâhmane* leur *po-lo-men* (ils n'ont pas de R). De là ce nom de la religion de *Fo* ou de *Fo-tho* (1). On sait que, fils de roi et destiné à la royauté, Çakya-Mouni, qui s'appela lui-même le Bouddha (le savant), embrassa la vie d'ascète et créa un système de philosophie qui fit secte et devint une religion. Voulant, avant tout, s'adresser aux mas-

(1) Voir la *Méthode pour déchiffrer et transcrire les noms sanscrits qui se rencontrent dans les livres chinois, etc.*, par M. Stanislas Julien, de l'Institut. Paris, 1861, in-8°.

ses, il mit la vertu morale bien au-dessus de la
science comme moyen de parvenir au Nirvâna,
c'est-à-dire à cet état de félicité suprême où
l'âme humaine, dégagée enfin de son organisme
subtil, type du corps matériel et visible, n'a plus
à revenir sur terre en y recommençant une vie
nouvelle. On connaît sa belle parabole de l'aveugle de naissance, revenu au monde dans ce triste
état par suite de sa conduite coupable dans une
vie antérieure. Le Bouddha déclarait que sa doc-
trine était toute de grâce et d'émancipation universelle, ce qui rendit le prosélytisme on ne peut
plus aisé. Les bouddhistes, en Chine, ont un grand
nombre de temples et de couvents où abondent
de saintes images douées des plus magiques
vertus.

En dehors de ces trois cultes officiels, égale-
ment protégés et jouissant de droits égaux, il y a
en Chine plus que partout, cette lèpre dégra-
dante de la superstition. Comme le paganisme
gréco-romain, l'imagination chinoise, peuple de
bons et de mauvais génies, les fleuves et les mon-

tagnes, les maisons et les foyers. De là, ces offrandes de vin et de thé pour se les rendre pro-
pices ou détourner leur colère. De là, ce qui est
beaucoup plus malheureux, une incroyable indifférence pour les sciences positives. A-t-on besoin
d'explications rationnelles et expérimentales,
quand la superstition explique tout par ses procé-
dés enfantins? Il se passera peut-être encore
de longues années avant qu'ils connaissent et
enseignent les lois de la lumière et celles de
l'électricité.

Si les Chinois ont repoussé le christianisme à
différentes époques avec tant de vigueur, il faut
en attribuer la cause principale à deux raisons
majeures : on redoutait l'influence politique pré-
pondérante des Européens, et, secondement, on
craignait que la religion chrétienne ne vînt bou-
leverser la législation d'un empire jusque-là si
florissant.

Le christianisme fut prêché pour la première fois
à la cour de Chine, vers l'an de J.-C. 635, par le
prêtre Ta-Tsin et ses compagnons. Que de diffé-

rentes fortunes a subies la religion chrétienne en Chine depuis cette époque! Autorisée par certains empereurs, tout faisait croire qu'elle allait conquérir de nombreux prosélytes et prospérer tranquillement, lorsque tout à coup elle se voyait prohibée par certains autres et ses membres persécutés, martyrisés pour leur foi au divin Rédempteur.

En 1692, par exemple, lorsque Kang-hi autorisa par un édit l'exercice de la religion chrétienne dans tout l'empire, les disciples du Christ crurent cette fois au retour du calme et d'une liberté tranquille ; mais ce repos n'était que factice, et les chrétiens devaient bientôt être persécutés derechef. Chose remarquable, chaque fois que l'empire fut gouverné par un prince aimant beaucoup les lettres, son gouvernement était toujours peu favorable aux doctrines de l'Évangile. La haine du pouvoir contre les chrétiens n'était pas alors motivée, soit par des causes politiques, soit par la crainte de voir prendre aux missionnaires européens une influence trop grande sur les destinées du pays, mais bien par l'aversion naturelle qu'il éprouvait pour des idées nouvelles si contraires aux enseignements de leurs diverses religions. Ainsi, Kiang-loung, qui défendit, en 1795, l'exercice du culte chrétien, et qui poursuivit à outrance ceux de ses sujets qui avaient déjà embrassé le christianisme, n'agit pas tant par crainte de voir un jour le pouvoir des fils du Ciel compromis, que parce qu'il aimait les lettres et le dogme qui avait nourri son pays depuis quatre mille ans.

Au demeurant, le Chinois pratique la tolérance en matière religieuse, et s'il n'avait pas conçu des craintes qui pouvaient, jusqu'à un certain point, légitimer sa conduite, les chrétiens seraient aussi heureux maintenant en Chine que le sont les musulmans, les juifs, etc., qui exercent librement leur culte aux yeux de tous. Les Chinois n'aiment pas d'ailleurs à discuter sur les avantages moraux de l'une ou de l'autre secte religieuse. Pour peu que vous les poussiez sur ce terrain, ils vous répondront : « Les religions sont plusieurs; la raison est une. » Ce sentiment de l'unité de but poursuivi par les divers cultes est si fort chez eux qu'on leur entend souvent dire, dans un but de généreuse conciliation : *San-kiao-hi-kiao*, c'est-à-dire littéralement : « Trois religions, une religion. » Et leurs trois grands révélateurs dogmatiques , Confucius, Lao-Tseu et Bouddha, se donnent en quelque sorte la main dans leurs esprits tolérants.

Malgré tous les obstacles qui leur furent suscités, les jésuites, établis à Macao depuis 1573, ont acquis une certaine influence dans quelques parties de la Chine. Si cette influence s'accroît encore de nos jours, c'est dans des proportions bien minimes, et l'on peut dire, sans crainte de se tromper, que, depuis longtemps déjà, le christianisme n'a fait en Chine que fort peu de progrès.

Le culte des ancêtres dont nous parlions plus haut, ce culte si cher aux cœurs chinois, a souvent été une raison pour laquelle bien des hommes ne sont pas venus se ranger sous l'étendard de la croix. Comment accorder, en effet, qu'on puisse vénérer ses ancêtres, admettre qu'ils jouissent d'une vie supérieure à celle des vivants, et embrasser une religion qui n'a pas été la leur? Est-ce que cette religion, repoussée par eux, ne les accuse pas indirectement d'avoir eu des croyances pleines de grosses erreurs?

Quoi qu'il en soit, disons avec les Chinois que la raison est une, et ajoutons que, tôt ou tard, elle conduira tous les peuples à la magnifique unité inculquée partout dans l'Évangile : *Unum ovile et unius pastor*.

V

L'AGRICULTURE

« Labourage et pâturage sont les deux mamelles
de l'État » : nulle part cette vérité pratique n'a
été mieux comprise que dans le Céleste-Empire.
Après les mandarins, nul n'est plus honoré qu'un
agriculteur, fût-il beaucoup moins instruit qu'un
habile industriel. Une fois par an, l'empereur
lui-même ne dédaigne pas d'ouvrir un sillon avec
le soc d'une charrue qu'il conduit lui-même au
milieu d'une grande solennité. Bien que le souverain soit censé posséder toutes les terres du pays,
le laboureur ne paye à l'État que le dixième du
produit des biens qu'il cultive.

Quoique le blé croisse abondamment dans plusieurs régions de l'empire et qu'on en fasse une
sorte de galette aux herbes aromatiques fort estimée dans le pays, c'est le riz qui constitue la
principale nourriture des Chinois, c'est le riz qui
est l'objet principal de leurs soins agricoles. Le
peuple trouve partout des marchands au détail de
cette excellente substance alimentaire. Il trouve
aussi malheureusement trop de marchands d'une
sorte de liqueur enivrante faite avec cette même
substance, et ce spiritueux n'est pas seulement en
usage dans quelques localités, c'est la boisson
fermentée la plus répandue dans tout l'empire.

Depuis quelque six cents ans, les Chinois, surtout ceux du nord, cultivent beaucoup le sorgho.
Une grande partie des plaines qui entourent Pékin
sont plantées de ce précieux végétal. Nous ne
savons si c'est pour la facilité des approvisionne-
ments, mais ces plantations s'étendent jusqu'à
une circonférence d'un rayon de vingt à trente
lis; aussi bien sont-elles là plus considérables que
dans les autres parties du pays. Dans le nord, on

fait avec le sorgho beaucoup de vins et d'eaux-de-vie.

Certains livres chinois prétendent que les Tartares font avec le petit-lait de leurs juments une espèce de bière et même une eau-de-vie très-forte. Les livres de la dynastie des Han font foi qu'elle fut introduite dans quelques provinces de la Chine plus de cent cinquante ans avant Jésus-Christ. Du reste, il paraît que les Tartares en font encore usage de nos jours et que cette bière n'est pas d'un goût désagréable. Quant au goût des boissons fortes faites à l'aide du riz et du sorgho, je puis dire, par expérience personnelle, que la plupart des Européens l'accuseraient d'être d'une fadeur insupportable. Les Chinois ne sont pas de cet avis, et tel est sur eux l'effet de ces liqueurs alcooliques, que le premier verre leur fait désirer le second, pour aller ainsi de proche en proche jusqu'aux plus abominables excès, souvent jusqu'à la mort. Au premier abord, pourtant ceux qui commencent à boire de ces liqueurs semblent jouir d'une santé florissante : on dirait qu'ils ont meilleure mine et plus d'embonpoint. Mais ces apparences favorables sont d'autant plus funestes qu'elles trompent les malheureux buveurs sur les effets consécutifs les plus désastreux. Pénétrés de l'idée que ces liqueurs leur sont favorables, ils s'y adonnent sans réserve. Bientôt tout appétit disparaît, l'impitoyable phthisie commence ses ravages, et comme ces pauvres victimes de l'alcool ne peuvent plus rien avaler, elles s'éteignent dans un état d'émaciation tel qu'on les prendrait pour des squelettes.

Chose étrange ! ce même peuple qui se tue avec ces détestables eaux de... mort possède les meilleures vignes du monde et ne fait pas de vin. Il en faisait autrefois et il en abusait. Il en abusa tant qu'il se trouva des empereurs pour en défendre la fabrication dans toute l'étendue du pays. Il y en eut même qui firent arracher les vignes et qui déclarèrent que ces plantes dangereuses encombraient des terrains qui, ensemencés, pouvaient produire de riches moissons. Les raisons morales ne manquaient pas non plus : le vin

était la source d'une foule de désordres et de crimes ; le vin ne constituait pas une boisson absolument nécessaire à la vie, mais un pur objet de
luxe nuisible au bonheur de tous, etc., etc. Quoi
qu'il en soit de tous ces *considérants*, la Chine se
l'est tenu pour dit, elle qui savait si bien faire le
vin et ne le boire qu'après l'avoir conservé sous
terre un certain nombre d'années. En guise de
consolation, elle mange avec délices le produit
des belles treilles qui lui restent. Il font même sé-
cher une bonne partie de leurs raisins dont s'empare le commerce.

Considérées comme fruits à manger, les différentes variétés de raisins sont très-recherchées en
Chine, surtout dans le nord. D'augustes person=
nages ne dédaignèrent pas de consacrer leurs soins
à l'acclimatation dans leur empire de plusieurs
variétés de la vigne. On cite parmi eux les trois
premiers empereurs de la dynastie mantchoue
Kang-hi, Young-tching et Kien-long. Toutes les
implantations qu'on a faites dans les régions septentrionales ont presque toujours réussi, et de

quelque pays qu'elles vinssent les vignes acclimatées y ont toujours donné de fort beaux résultats. Transplantées dans le sud, elles sont loin d'y donner des produits aussi excellents : leurs fruits perdent singulièrement de leur saveur et presque tout leur parfum.

A ce sujet, nous traduirons une note de l'empereur Kang-hi lui-même : « Les raisins sont venus en Chine de l'occident; il n'y en avait autrefois que peu d'espèces, maintenant nous en avons trois nouvelles que j'ai fait venir du royaume de Ha-Mi et des pays voisins. Ceux de la première espèce sont rouges ou verdâtres et longs comme des tetins de jument. Ceux de la seconde ont un goût et un parfum fort agréables, mais ils ne sont pas plus gros que des pois. Ces trois espèces de raisins dégénèrent dans les provinces méridionales et y perdent leur parfum. Elles résistent assez bien dans celles du nord, pourvu qu'on ait soin de planter la vigne dans un terrain sec et pierreux. J'aime mieux procurer une nouvelle espèce de fruit ou de grain à mes sujets que de bâtir cent tours de porcelaine. »

On le voit, il savait penser à la chinoise ce souverain issu d'une race conquérante et naguère encore ennemie. Il n'a peut-être qu'un seul tort, fort excusable d'ailleurs, c'est de nous laisser sans renseignements sur les variétés de la vigne cultivées avant lui dans son empire. Nous sommes sûrs, pour notre compte, qu'il s'en trouvait déjà qui produisaient d'excellents raisins ; car, dans la seule ville de Tien-Tsin, peu éloignée de Pékin, nous avons vu six espèces de raisins toutes fort bonnes avec des qualités bien différentes d'ailleurs. L'espèce qui nous a le plus frappé a les grains d'une forme ovale très-allongée, mesurant de 4 à 5 centimètres sur 2 centimètres d'épaisseur. La chair de ce raisin est un peu dure, comme celle de nos raisins précoces du midi de la France. Toutefois sa peau n'a ni cette dureté, ni cette épaisseur qui caractérisent les espèces à gros grains. Privé là-bas de termes de comparaison pris dans nos raisins d'Europe, peut-être nous sommes-nous exagéré la valeur de l'espèce dont nous parlons sous le double rapport de la saveur et du parfum. Puis, lorsqu'on est absent de son pays durant plusieurs années, l'influence exercée sur tout notre être par l'ensemble des milieux physiques et moraux de ces contrées étrangères nous fait apprécier certaines choses tout autrement que nous le ferions chez nous. Quoi qu'il en soit, et à ne consulter que nos impressions d'alors, ces raisins nous parurent préférables à tous ceux que nous avions jamais mangés.

S'il est une chose que tout le monde sait c'est l'importance qu'a prise en Chine depuis longtemps la culture du thé. Cela s'explique aisément par une consommation générale et de tous les instants du jour dans toutes les parties du pays, et par une exportation qui prend chaque année de plus vastes proportions. Le thé chinois exporté, celui qui arrive jusqu'en Europe, par exemple, acquiert des qualités de goût et de parfum auxquelles ne saurait prétendre, tant s'en faut, le thé chinois pris sur place. Qui pourra résoudre un jour cette grave question des milieux climatériques des cou-

rants magnétiques, des quantités relatives de lumière, d'électricité et de chaleur répandues sur
les différentes régions de la surface du globe au
point de vue des modifications plus ou moins profondes que toutes ces causes combinées apportent
à la constitution moléculaire intime de toute substance étendue, et tout particulièrement des substances vivantes comme les feuilles de thé ou nées
de substances vivantes comme le vin? Arrivées
chez nous, en Europe, ces petites feuilles enroulées
n'ont pas changé de figure extérieure, mais elles
possèdent maintenant une force et un parfum
qu'elles n'avaient pas, qu'elles n'ont jamais en
Chine : c'est un fait inexpliqué, mais c'est un fait.
En Chine, somme toute, le thé n'a que fort peu
de goût et, comme on en met peu à la fois dans
les théières, il ressemble bien plus à de l'eau co-
lorée qu'à une boisson réconfortante. Et pourtant
le thé tient une si grande place dans l'hygiène
quotidienne des Chinois, qu'on ne trouvera peut-
être pas trop déplacés ici quelques détails relatifs
à sa préparation.

Il y a deux manières principales de faire le thé en Chine : dans les théières d'abord et, ensuite, dans les tasses mêmes qui servent à le prendre.

En général, la première manière n'est employée que par les gens qui veulent faire des économies même sur le thé d'un prix déjà si minime en Chine. Après une première infusion obtenue à l'aide de l'eau bouillante, on laisse le résidu de l'infusion au fond de la théière, on y ajoute une certaine quantité de thé, puis on emplit de nouveau la théière d'eau bouillante.

Impossible que le résidu de la première infusion soumis à un nouveau contact de l'eau, à une température aussi élevée, ne cède pas à cette eau des éléments nouveaux qui altèrent profondément le thé de la seconde infusion. Mais cette altération ira progressivement, car tant que la capacité de la théière le permettra, ils se contenteront, pour faire une infusion nouvelle, d'ajouter à tous les résidus des infusions antérieures une certaine quantité de thé, quantité bien faible d'ailleurs puisque, même durant les chaleurs, alors qu'on prend du thé à presque tous les instants, la théière de famille n'en met pas moins plusieurs jours à se remplir. Nos amateurs se feront aisément une idée de la différence qui sépare le thé de la vingtième infusion de celui de la première.

La seconde manière de faire le thé s'emploie presque toujours chez les mandarins, et lorsqu'on offre du thé à quelques visiteurs. Pendant la visite, les domestiques apportent des tasses et, après y avoir versé quelques feuilles de thé, ils les remplissent d'eau bouillante. Après quelques moments, car l'infusion se fait très-vite, la personne qui vous reçoit vous engage, par son exemple, à porter votre tasse à vos lèvres, et il est de la politesse chinoise d'absorber cette boisson de bienvenue, quelque bouillante qu'elle soit encore. Afin que les feuilles ne suivent pas le liquide dans lequel elles sont plongées, les tasses chinoises ont une espèce de petit couvercle dont on est assez tenté, en Europe, de se servir comme de soucoupes. D'une circonférence plus petite que celle des bords de la tasse, ce petit couvercle pénètre un peu dans l'intérieur et, tout en laissant un libre passage au liquide, retient sous lui les résidus de l'infusion.

Au demeurant, les Chinois sont très-hospitaliers sous le rapport de la tasse de thé. Il est rare qu'ils en refusent à n'importe quel mendiant qui leur en demande. Nous parlons des marchands dont les boutiques sont sur la rue et au rez-de-chaussée. Dans toutes les boutiques, comme dans toutes les maisons il y a toujours, dans un petit coin, une théière et une tasse, et chacun de se servir de cette tasse sans se préoccuper le moindrement ni de ceux qui peuvent y avoir déjà bu, ni de ceux qui y boiront tout à l'heure.

L'élève des animaux domestiques offre peu de particularités remarquables. C'est la multiplication de la gent volatile qui a, seule, inspiré aux Chinois une institution tout à fait à part et digne d'être indiquée ici. Il s'agit de leurs *Ki-tien*, littéralement *boutiques de poules*, et que nous appellerions volontiers leurs *couveuses* artificielles. Figu-

rez-vous des maisons composées d'un nombre
paire de pièces, tandis que la plupart des habita-
tions chinoises présentent tantôt trois, tantôt cinq
pièces distinctes avec entrée par la pièce du milieu. Dans chaque maison-couveuse, toutes les
pièces communiquent entre elles à volonté. Les
portes sont soigneusement closes, et grâce à un
système de chauffage économique fort ingénieux,
et à des conduits qui permettent à l'air de circu-
ler librement d'une pièce à l'autre, on obtient
dans toute la maison une chaleur égale. Toutefois
cette chaleur peut être rendue plus ou moins forte
dans une pièce ou dans une autre par l'intercep-
tion plus ou moins complète de l'air qui circule
entre elles.

Parmi ces maisons-couveuses, nous en avons vu
qui avaient des thermomètres pour indiquer le
degré de la température intérieure; mais il est
vrai de dire que la plupart ne possèdent rien qui
ressemble à cet utile instrument de physique. Les
chauffeurs chargés de maintenir la température
voulue dans chaque pièce ne consultent pour

cela que leur habitude, leurs propres sensations.

Les murs de chaque salle, dans toute leur longueur, sont garnis de tablettes de 40 centimètres de largeur, toutes superposées comme les rayons d'une bibliothèque, et séparées les unes des autres par 40 centimètres seulement.

On étend sur ces consoles une paille très-fine, sur laquelle on pose les œufs qu'on veut faire éclore. Puis on place sur le tout des petites couvertures matelassées qui ne sont pas toutes de la même épaisseur et qui entretiennent plus ou moins la chaleur autour de certains œufs. Une fois les œufs placés et numérotés avec ordre, on chauffe à l'intérieur, et il se répand dans toute la maison une chaleur vivifiante remplaçant pour tous ces petits poulets qui vont naître et leurs mères et leurs ailes.

Il y a une ou deux salles où la température n'est pas la même que dans le reste de la maison: ces salles sont destinées à l'éclosion d'autres espèces d'œufs et principalement à l'éclosion des œufs d'oie et de canard. La province de Canton, si

riche en canards, [possède un nombre considérable de maisons où elle fait éclore artificiellement
les œufs de ce palmipède.

C'est un étrange et intéressant concert que cet
ensemble de piaulements et de craquements de
coquilles sous les coups de bec répétés de tous ces
petits lutteurs pour la vie. On traite, du reste, les
nouveaux éclos avec les plus grands égards : ils
peuvent, quand bon leur semble, aller prendre
leurs ébats dans un jardin communiquant de
plain-pied avec la grande salle où on les réunit
après leur naissance.

Les habitants des campagnes voisines, chaque
fois qu'ils ont des œufs à faire couver, s'empres-
sent de les porter à ces établissements les jours où
ils vont à la ville, et on leur donne en échange, le
jour même, moyennant une très-faible rétribution,
de petits poulets tout éclos. Si le bénéfice réalisé
sur l'éclosion de chaque œuf semble minime, il
n'en est pas moins vrai que sa multiplication
sur une très-grande échelle fait prospérer tous
ces établissements, où l'on compte souvent plus

de 6000 œufs sur les tablettes et dans lesquels, à certaines époques de l'année, il naît plusieurs centaines de poulets par jour.

VI

L'INDUSTRIE

Nous sommes en présence du peuple le plus industrieux et le plus actif de la terre. Il a le coup d'œil juste et prompt, le dessin sûr, l'imitation facile, la main ferme et délicatement habile, l'exécution correcte : il fait tout ce qu'il veut. Et pourtant cette nation *industrieuse* dont nous avons tous admiré les porcelaines, les tissus, les éventails, les écrans, les lanternes, etc., etc., n'est pas, aujourd'hui, ce que l'on appellerait chez nous une nation *industrielle*.

L'industrie au xixe siècle suppose nécessairement l'association du génie qui invente et du talent qui exécute avec tous les moyens de réalisation rapide offerts ou déjà créés par la science et tout particulièrement par la mécanique. Enlevez à Manchester et à Londres, à Paris et à Lyon leurs milliers de machines et vous leur enlevez en même temps toutes les grandes industries : ces villes cessent d'être des villes industrielles.

Rappelez-vous les expositions universelles dans les deux premières villes du monde. Nul doute que la merveilleuse série de ces machines productrices, dont l'œil d'un enfant suffit à surveiller les fonctions, ne soit encore photographiée sur les meilleurs feuillets de vos souvenirs. A ces expositions, il n'y avait, il ne pouvait y avoir en ce genre rien qui vînt de la Chine. Les sciences dans le Céleste-Empire en sont encore à leur berceau. La statique et la dynamique y sont impuissantes à créer la moindre machine pour économiser le temps ou les bras. En matière d'hydrostatique et d'hydraulique, les Chinois vous montreront avec orgueil des roues garnies à leur circonférence de tubes de bambou et destinées

à élever l'eau au-dessus d'un niveau quelconque.
Pourquoi pas la pompe ? direz-vous. C'est tout
simplement parce qu'ils en ignorent le principe,
Nous reviendrons sur cette ignorance en matière
scientifique et nous en rechercherons les causes.
Pour le moment, voyons la Chine exécutant par
la force des bras et par les mille détails de la
manipulation individuelle ou collective ce que
nos machines font beaucoup plus vite et avec
singulièrement plus de perfection. Nous nous po-
serons tout naturellement cette grave question :
serait-il bon que notre vaste système de production
industrielle fût substitué aux efforts personnels des
ouvriers chinois? Certes, avec les progrès de la
civilisation, une telle substitution est inévitable :
il appartient d'ailleurs aux machines de faire la
besogne de l'homme, afin de laisser à celui-ci
plus de temps pour vivre de sa vraie vie, de la vie
intellectuelle, morale et artistique. Mais en dehors
de cette réalisation lente et progressive, nous
pensons qu'une telle substitution serait un grand
malheur pour l'immense population de la Chine.

On se figure difficilement les terribles conséquences d'un système qui condamnerait à l'inaction et à la misère tant de millions d'ouvriers
chez une race que ses instincts et ses facultés
dominantes sollicitent sans cesse au travail et à la
production.

Si nous avions à faire un tableau complet de
l'industrie en Chine, nous descendrions avec nos
lecteurs dans les mines de métaux et de charbons
sans toutefois nous permettre de les juger, ni au
point de vue des théories de notre école de Paris,
ni à celui de la pratique de nos grandes exploita-
tions minières européennes. Nous y trouverions
beaucoup plus de moyens heureux que dans l'exploitation de leurs carrières, où la grossièreté et la
mauvaise structure des outils prolongent le travail
et le rendent moins parfait. Partout, cependant, ils
se servent de la poudre pour faire sauter les gros
blocs ; mais, encore un coup, les engins divers
créés par la mécanique leur font trop généralement défaut.

Dans les salines, nous verrions se reproduire

cette dispendieuse simplicité des moyens primitifs. Nous assisterions ensemble au creusement sur la plage d'une foule de lits au fond plat et présentant, du côté de la mer, une petite écluse par laquelle on introduit l'eau salée à la marée montante : et l'on attend avec patience que les diverses couches d'eau introduites dans ces lits aient déposé par l'évaporation les particules de sel qu'elles tenaient en dissolution.

On casse ensuite en morceaux plus ou moins gros la plaque formée par tous ces sédiments salins et on les emporte dans des sacs. Propriétaire de tout le sel de la mer, l'État veut bien accorder, moyennant finance, l'autorisation limitée de l'en extraire.

Nous préférons ne parler ici que des industries qui ont rendu la Chine célèbre dans toutes les parties du monde, telles que la fabrication des porcelaines, son art de filer et de tisser la soie, la fabrication de son encre et de son papier, leur taille si délicate des pierres fines, de l'ivoire, de la nacre et de l'écaille.

En comparant ce que nous avions lu et ce que nous avions vu des admirables produits de ces industries de luxe, avec ce qu'il nous était donné voir fabriquer sous nos yeux, nous avons éprouvé plus d'une amère déception, tant il est vrai que les ouvriers chinois d'aujourd'hui méritent peu d'être appelés les fils des ouvriers chinois des siècles antérieurs. Ainsi, l'on peut regarder comme perdue la fabrication des émaux dont nous avons tous vu, en Europe, de si brillants échantillons. La fabrication de la porcelaine elle-même est tombée si bas, malgré l'abondance des fabriques, que deux produits, séparés par quelques années seulement, ne sont pas à comparer entre eux. Ils ne savent plus faire maintenant ces belles porcelaines craquelées, et il est plus d'une couleur dont ils ont perdu la recette ou le procédé d'application. Il leur reste toutefois ce biscuit de porcelaine si dur, si transparent et si blanc qu'il surpasse encore les produits de la plupart de nos fabriques européennes.

La province du Kiang-si est celle où se trouvent

actuellement les plus grandes fabriques de porcelaine. Dans tout le reste de la Chine, là même où
jadis florissaient de semblables établissements, il
règne aujourd'hui une activité si modérée qu'on
se demande souvent si c'est le Kiang-si qui fournit
tout l'empire. Cette province est assez pauvre en
produits agricoles, et cette circonstance peut expliquer, jusqu'à un certain point, comment l'industrie dont nous parlons s'y est maintenue avec plus
de vigueur que dans les autres parties du pays.

Quoique la fabrication de la porcelaine remonte,
en Chine, à une très-haute antiquité, car, vers le
commencement de l'ère chrétienne, elle était déjà
très-florissante, c'est à une époque relativement
moderne que le Kiang-si en est arrivé au mono-
pole dont nous le voyons jouir aujourd'hui. Nan-
tchang-fou, capitale de cette province, est l'entre-
pôt général de toutes ces grandes fabriques, et la
ville offre un coup d'œil curieux par ses rues
entièrement comblées de cette fragile marchandise.

Une bonne partie de la vaisselle de l'Empereur

se fabriquait autrefois dans la capitale de tout l'empire. Pékin a eu, en effet, de magnifiques fabriques de porcelaine ; mais elles ont subi la fortune de toutes les autres, et si aujourd'hui elles travaillent encore pour les fils du Ciel, leurs produits sont bien inférieurs à ce qu'ils étaient autrefois.

Si l'industrie des porcelaines tient par un côté au pur domaine de l'agréable, elle se rattache par ses poteries moins fines, à l'ordre de l'utile, nous allions dire du nécessaire. Voici, au contraire, une industrie de luxe par excellence, nous voulons parler de la taille et du polissage du jade. Le jade, *yu*, est une pierre à laquelle les Chinois attachent la plus grande valeur. A part sa rareté et sa beauté, comme elle entre, après avoir été travaillée, parmi les quelques objets dont les Empereurs peuvent orner leur toilette, elle possède, en Chine, un grand prestige. Après les diamants et les perles, le jade est considéré là-bas comme la pierre la plus précieuse ; nous parlons, bien entendu, d'échantillons sans défaut.

On croit généralement, en Chine, que cette pierre était connue sous les premiers Tcheo u, dont la dynastie commença l'an 1122 avant J.-C. C'est l'avis des lettrés de Confucius.

Le jade était fort rare sous la dynastie des Han qui commença en 206, et c'était alors, d'après l'avis de ces mêmes lettrés, le présent le plus beau qu'on pût faire aux Empereurs.

Les livres ne disent pas d'où les anciens Chinois tiraient leur jade. Pendant les premières années de la dynastie des Han, on en tirait du Yan-nan ; plus tard, les déserts de la Tartarie en fournirent à leur tour. A s'en rapporter purement et simplement à ces mêmes livres chinois, le jade de nos jours, malgré son incontestable valeur, serait de beaucoup inférieur à celui des anciens. Comme une telle assertion ne saurait nous empêcher de comparer entre eux des fragments recueillis à mille ans de distance, nous avons rapproché du jade trouvé par les anciens, des morceaux trouvés depuis le commencement de ce siècle, et nous sommes resté convaincu de la parfaite égalité sous tous les rapports des vieux et des nouveaux échantillons.

De nos jours, on extrait le jade du lit des rivières, des torrents et des gaves qui coulent au pied des montagnes du Yun-nan, du Kouei-tcheou, du Chen-si, et surtout des rivières des pays d'Y-ly et de Yo-quen. De toute la Chine, nous pensons que le Chen-si est la province qui en produit la plus grande quantité. Les Chinois en font aussi venir de la Tartarie. Mais celui qui est généralement considéré comme le plus beau se tire du Yun-nan ; seulement il est assez rare. Ainsi, c'est le Yun-nan qui produit les plus beaux morceaux de jade jaune doré si précieux, non-seulement à cause de son éclat et de sa rareté, mais encore parce que sa couleur est la couleur impériale, ce qui fait qu'on le destine d'ordinaire aux fils du Ciel.

On sait que le timbre ou la voix propre d'un corps donné est en rapport intime avec la constitution moléculaire de ce corps. Le timbre de l'or n'est pas celui de l'argent et la voix du cristal

n'est pas celle du verre. On dirait que le timbre
révèle à l'oreille la forme intime de l'être comme
la lumière révèle à l'œil sa configuration extérieure. Or le jade n'est pas seulement remarquable et par ses délicieuses teintes et par sa pesanteur
et sa dureté qui en rend la taille si difficile ; il est
encore et surtout remarquable par les sons suaves
et pénétrants qu'il rend sous la percussion d'un
petit marteau de bois. Aussi les musiciens du
Céleste-Empire, si experts et si délicats en matière de sonorité, en ont-ils fait un précieux
instrument donnant sa note expressive au moment voulu.

On conçoit que l'étonnante dureté du jade con-
tribue pour beaucoup à augmenter sa valeur
quand il est bien travaillé. Cette dureté est telle
qu'on est obligé de le polir comme le diamant.
Il n'est pas rare de voir entrer dans les palais
impériaux des morceaux de cette pierre précieuse
sur lesquels dix ouvriers ont travaillé nuit et jour
pendant douze, quinze ou même vingt ans.

Le jade revêt de nombreuses couleurs. Quelques

écrivains chinois parlent d'un jade d'un bleu céleste qui, disent-ils, est très-admiré. Sans vouloir révoquer en doute la bonne foi de ces auteurs, nous devons avouer que dans toutes les villes que nous avons visitées, soit au nord, soit au sud de l'empire, nous n'avons jamais vu de jade de cette couleur-là. A Pékin, par exemple, et dans les palais impériaux, où toutes les espèces de cette pierre se trouvent réunies, nous pouvons certifier qu'il n'y a pas de jade bleu céleste.

De toutes les couleurs du jade, la plus estimée et la plus rare est le vert clair uni. Les autres couleurs de cette pierre précieuse sont la couleur chair, le jaune, le blanc, le rouge de cinabre, le marron foncé, le blanc mat uni et le blanc taché. Les Chinois font plus de cas de celles de ces couleurs qui sont unies dans leur nuance, et nullement tachées ou veinées de gris et de blanc.

En Angleterre, où le jade est plus connu qu'en France, les amateurs payent jusqu'à 10 et 15 000 francs de petites coupes d'un joli travail et d'une couleur vert de mer, dont la plupart ne

mesurent pas au delà de quinze centimètres de
diamètre. Le jade dont sont faites ces coupes est
loin d'être le plus beau de couleur verte qu'on
trouve, et cela s'explique par ·l'exiguïté relative
des fragments des meilleures espèces.

Quand le volume des morceaux de jade le leur
permet, les ouvriers chinois les emploient à faire
de petites boîtes rondes ou de petits flacons qui,
en Chine, servent de tabatières. Les morceaux
les plus petits sont employés à faire des boules
destinées à orner les colliers que portent les man-.
darins. On en fait aussi des bracelets pour les
femmes. Un bracelet de dix à douze boules de
cette matière épurée peut valoir de 8 à 10 000
francs. De toutes les pierres précieuses dont les
femmes se parent en Europe, celle-ci, à part
son éclat qui est en raison même de sa dureté,
possède encore l'immense avantage de sa rareté.

Par tout ce que nous venons de dire, comme
par ce que le lecteur a pu voir lui-même de ses
propres yeux, il est facile de se convaincre que
tout ce qui tient aux industries de luxe est singu-

lièrement plus soigné, plus fini que tout ce qui se réfère à la fabrication des tissus ordinaires et des autres objets d'une utilité journalière.

VII

LE COMMERCE

Quand l'industrie et l'agriculture ont créé la richesse, le commerce la distribue et l'échange contre toute espèce de valeur. De là cette double question des transports et des moyens d'échange.

Il faut, pour transporter aisément les produits de l'industrie et de l'agriculture, des voies nombreuses et sûres et nul pays plus que la Chine n'est mieux doté de routes grandes, larges, aisées, le long desquelles stationnent le plus souvent les postes militaires; nul pays n'est mieux coupé dans toutes les directions par de vastes lignes de fleuves et de rivières navigables, par des canaux reliant

ces fleuves et ces rivières. Dans les régions alpestres, si vous n'avez plus ces beaux chemins de
25 à 27 mètres de largeur, vous y trouvez des
passages faciles pour la préparation desquels
on a fait sauter d'énormes rocs, abaissé des
sommets, taillé des montagnes. Les gens du
pays sont habitués à ces corniches serpentant
aux flancs des monts, à ces ponts hardiment jetés
d'un pic à l'autre. Puis, le long des routes, il y a
tant de villes et les villages sont si rapprochés que
les relais sont on ne peut plus faciles. Non-seulement toutes ces voies de communication sont
fidèlement représentées dans des cartes géogra-
phiques et routières bien construites, elles sont
elles-mêmes munies sur leurs bords de tours de
bois, placées de 2 kilomètres en 2 kilomètres,
et indiquant au voyageur les noms des localités
où ces voies conduisent et les distances qui les
séparent.

Les voitures varient selon les provinces et selon
la nature des objets à transporter. Les Chinois
ne se servent pas seulement de chevaux, d'ânes

et de mulets ; ils emploient aussi le chameau et,
dans quelques endroits, le buffle. Plus vite que
toutes les voitures vont les portefaix chinois,
transportant suspendues à des perches les marchandises que l'on confie à leurs patrons respon-
sables.

Si la facilité et la sécurité des moyens de transport ne laissent rien à désirer, il n'en est pas de
même des instruments d'échange. Chose à peine
croyable, bien qu'elle ne soit que trop réelle, les
habitants du Céleste-Empire n'ont d'autre numéraire métallique qu'une misérable petite monnaie de billon de la valeur d'environ deux tiers
d'un de nos centimes. A peine une personne de
force ordinaire pourrait-elle porter durant tout
un quart d'heure 60 à 70 francs en sapèques (c'est le nom donné à ces petites pièces
de cuivre), encore faudrait-il que cette personne changeât son paquet de main plus d'une
fois pendant la course. Les sapèques sont percés
à leur centre d'un trou carré par lequel on les
enfile les uns au bout des autres comme des cha-

pelets à l'aide de petites lianes tordues. Vous voyez-vous allant faire quelques emplettes dans une ville chinoise, ayant à vos côtés un homme de peine chargé de porter 50 ou 60 francs en sapèques.

Pour les échanges d'une certaine importance, les Chinois se servent de lingots d'argent. Ces lingots sortent pour la plupart des fonderies de l'État et sont tous marqués d'un cachet indiquant leur poids et le taux de l'argent dont ils sont composés. Plus que partout ailleurs, le cuivre et l'argent subissent, en Chine, de grandes variations dans leur cours. Ici le gouvernement fait la pluie et le beau temps, car le trésor peut répandre dans tout l'empire, quand il le veut, comme il le veut, d'énormes quantités de cuivre ou d'argent.

Dans les comptoirs européens, pour remédier à cette absence totale de monnaie commode, on se servait généralement de piastres mexicaines, les seules pièces d'argent étrangères que les Chinois voulussent bien accepter. Les piastres, importées dans le Céleste-Empire par les Portugais, furent

les premières pièces d'argent qu'ils virent, et cela
suffit à expliquer leur préférence pour cette monnaie. Avant la campagne de Chine, comme on ne
pouvait pas payer un objet de mince valeur sans
emporter avec soi plusieurs livres de sapèques et
que, d'un autre côté, les marchands refusaient
obstinément de recevoir quelque autre monnaie
que ce fût, on avait imaginé, — nous parlons toujours des villes où il y avait des comptoirs européens, — de couper à froid ces piastres en deux,
à l'aide d'un ciseau et de partager encore par
moitié chacune des demi-piastres obtenues par
cette mutilation. On avait, de cette façon, non-
seulement des demi-piastres, mais encore des
quarts de piastre que les Chinois étaient fort heureux de posséder, car ils savaient fort bien que, de
ces monnaies informes, ils pouvaient reconstruire
leurs bonnes piastres mexicaines, l'objet de leur
plus grande admiration dans toute l'importation
étrangère. Ils auraient refusé deux pièces de
cinq francs françaises en échange d'une seule
piastre mexicaine. Puis, dans ce pays où tout

marche par routine et par la force de l'impulsion donnée, telle était la puissance de l'habitude, que les Chinois tenaient à la piastre, c'est le cas de le dire, comme à leur propre existence.

Depuis que nos troupes ont stationné sur ces terres lointaines, depuis que le soldat français a vécu dans ces maisonnettes chinoises, composant des villes plus ou moins vastes, à 6000 lieues de sa patrie, ses anciens hôtes ne refusent plus ni la pièce de cent sous, ni la pièce de 20 francs, ni la livre sterling. C'est là un grand progrès ; ma que de temps faudra-t-il peut-être encore avant qu'il y ait dans tout l'empire une monnaie courante et d'un usage aussi commode que l'est, par exemple, notre système de numéraire ! Une semblable amélioration, au point de vue des transactions commerciales, nous paraît d'autant plus éloignée, que le bon accueil fait à nos pièces d'or et d'argent ne dépasse pas les murs des villes où sont établis les Européens. Le règne des chapelets de sapèques n'est pas encore fini.

Le Chinois n'a pas la lettre de change si utile

au grand mouvement des affaires. En revanche, il abuse du papier-monnaie. On fait remonter l'origine des billets de banque au commencement de la dynastie des Song. C'est un des plus grands reproches qu'on s'accorde à lui adresser : on ne lui pardonne pas d'avoir adopté ce système monétaire parfois si dangereux.

Les billets de banque sont bien plus nombreux en Chine qu'en Europe, et chaque grande ville a le droit d'en émettre un aussi grand nombre qu'il lui convient. Ils ont beaucoup plus cours dans le Nord que dans le Sud, où peut-être les relations des indigènes avec les Européens ont singulièrement diminué leur importance. Les gens du Sud, en effet, n'accepteraient en payement d'aucune marchandise un tel papier, auquel ils n'attachent qu'une valeur très-relative. Les piastres sonores sont là pour discréditer les billets de banque.

Dans le Nord, au contraire, ces mêmes billets sont en grand honneur. Il n'est pas rare, d'ailleurs, de voir en Chine certains usages établis dans une province qu'on aurait toutes les peines du monde à acclimater dans une autre. Cet empire est, en vérité, trop vaste pour qu'il puisse y régner cet accord et cette unité d'idées qui permettrait à toutes ces masses de considérer, sous un même point de vue, les décrets de leurs gouvernants. La haine du Sud contre le Nord n'est-elle pas, du reste, assez profonde, assez universelle pour lui faire regarder comme mauvais un instrument de transactions trop estimé par les habitants des contrées septentrionales?

Le climat de la Chine, la fertilité de son sol, fournissent à ses habitants des productions de toute nature, telles que d'autres pays les reçoivent de diverses contrées du monde. Ayant ainsi chez eux tout ce qui peut satisfaire aux exigences de la vie et aux caprices du luxe, pourquoi, se disent-ils, nous occuper du commerce d'importation? Aussi bien les relations commerciales avec l'exté-rieur sont-elles regardées comme une exception, comme une faveur accordée aux étrangers. L'au-torité supérieure indique, dans sa méfiance du dehors, les rares points de l'Empire où pourront

avoir lieu les transactions. Longtemps Kiakhta,
pour les Russes, et Canton, pour les autres peuples, ont été les seules villes où le commerce
avec l'extérieur fût permis, encore ne l'était-il
qu'à des agents spéciaux nommés et autorisés
ad hoc.

Mais, depuis 1844, les choses ont bien changé.
On se souvient du traité de commerce que Louis-
Philippe, l'*Empereur du grand empire de France*,
comme dit le texte, fit avec l'Empereur du grand
empire de Chine. Notre ambassadeur signa ce
traité l'année même (1844) où le commerce
européen s'installait à Schang-haï. Dans nombre
de villes du Céleste-Empire, l'Europe et l'Amé-
rique ont maintenant des agents consulaires, des
comptoirs, et, souvent, plusieurs centaines de
résidents étrangers, sans compter les missionnaires.

Il n'entre pas dans notre plan de reléver dans
les diverses publications locales des douanes mari-
times, le nombre de millions de livres de thé, de
balles de soie, etc., etc., exportées durant ces

dernières années (1). Nous préférons attirer l'attention sur une branche encore trop négligée du commerce en Chine, nous voulons parler du commerce des charbons de terre. Les capitaines de nos vapeurs vont chercher dans de lointains parages ce qu'ils ont en quelque sorte sous la main. On tire bien un peu de charbon du Japon ; encore cette entreprise est-elle loin d'avoir toute l'extension dont elle est susceptible. Qu'on n'aille pas jusqu'à Fu-Ku-Yama ou jusqu'à Ozaca, où il y a des mines carbonifères inépuisables, nous le concevons sans peine : premièrement, à cause de toutes les contrariétés et de toutes les difficultés que le gouvernement japonais susciterait aux Européens, et, secondement, à cause des dangers offerts par la navigation sur la mer intérieure, surtout pour des bâtiments de commerce pesam-

____

(1) Le seul port de Schang-haï, dans le courant de 1855, a vu arriver quatre cent trente-quatre vaisseaux de tous les pays et il en a vu partir quatre cent trente-sept. Cette même année, l'exportation du thé s'éleva à 76 711 659 livres ; celle de la soie, à 55 537 balles. En 1862, le nombre des navires qui entrèrent dans le port de Canton, dont le commerce est pourtant plus restreint que celui de Schang-haï, fut de 723.

ment chargés et paralysés dans leurs moyens d'action par des courants rapides peu connus et où bien des vaisseaux japonais viennent se perdre, quoique conduits par des pilotes habiles. Il faut, en effet, pour lutter avec avantage contre ces obstacles naturels, traverser ces parages avec un léger bâtiment à vapeur, et encore ne peut-on naviguer que pendant le grand jour. A l'arrivée de la nuit, les pilotes indigènes qu'on est forcé de prendre à bord font mouiller les ancres jusqu'au lever de l'aurore, et on leur offrirait dix fois le montant de leur salaire qu'ils ne feraient pas une heure de route dans les ténèbres. Si l'on tient à faire venir de la houille du Japon, pourquoi ne pas tirer parti de l'île de Sai-kai-do, où, grâce au port de Nan-ga-sa-ki, qui est très-sûr et, en même temps, le plus voisin de la Chine, une grande compagnie d'exploitation et de transport pourrait avoir un établissement facile et prospère?

Mais pourquoi tirer ainsi ce combustible indispensable, soit du Japon, soit de Manille, soit même de l'île de Luçon, quand il serait si facile de le

faire venir de l'intérieur de la Chine elle-même?
Nulle part la main-d'œuvre n'est à meilleur mar-
ché qu'elle ne l'est en ce pays : nulle part on ne
trouve des ouvriers aussi intelligents pour un
salaire aussi modique. Les moyens de transport
par les fleuves et les canaux ne sont nulle part
plus nombreux ni moins coûteux qu'en Chine.
D'autre part, les mines de charbon de terre abondent. Ainsi, la province de Kiang-si est d'une
richesse inépuisable sous ce rapport, et une exploitation habile en tirerait un grand parti. Cette
province est d'ailleurs rapprochée des comptoirs
européens, ce qui diminuerait pour nos navires
le prix de revient. Il faut ajouter que le Kiang-si
fait un commerce très-étendu, et que les indigènes
entreraient facilement dans les idées de nos comptoirs commerciaux. Nous citerons encore deux
provinces de la Chine où les mines de charbon
de terre sont riches et nombreuses, ce sont le
Kan-sou et le Sse-tchouen (1).

(1) Le charbon de terre dont on se sert à Pékin mérite d'être
comparé à celui de France. Il y en a du reste de plusieurs espèces et

Tous ceux qui sont familiarisés avec les exigences de la navigation à vapeur nous sauront peut-être quelque gré d'avoir insisté sur les moyens de résoudre une des questions économiques les plus graves du commerce international avec la Chine.

de plusieurs qualités. Celui qui est considéré comme le meilleur est dur à casser, d'un grain assez fin, presque dépourvu de particules brillantes et noircissant les mains beaucoup moins que la plupart des autres. Les qualités que nous énumérons sont celles qui, à Pékin, font regarder le charbon comme étant de la meilleure espèce. Toutefois, nous avons vu une variété de charbon offrant toutes ces mêmes qualités et qui pourtant s'allumait avec peine et se consumait difficilement.

VIII

LES ARTS

L'homme ne voit pas seulement avec les yeux du corps, il voit encore avec les yeux de l'esprit. A l'aide de la lumière physique, il perçoit les phénomènes: à l'aide de la raison, cette lumière intérieure, il perçoit les formes essentielles et causatives des choses, les types éternels des figures réalisées passagèrement dans la création.

A force de recherches et d'expériences, de méditations profondes contrôlées et contrôlées encore, le savant finit par remonter sûrement du réel au vrai, du fait à la loi, c'est-à-dire au mode déterminé et constant d'action propre à la cause inétendue et immuable entrevue par la raison. Et voici qu'une formule rigoureuse recevra et contiendra en quelque sorte cette aperception de l'esprit scientifique et cette joie de l'intelligence pure.

De prime saut, par un tact exquis, par l'habitude de vivre dans l'intimité des choses divines, l'artiste, le véritable artiste devine ce que le savant découvre; Et maintenant, ce qu'il contemple en lui-même de toute la force de son intuition poétique, il veut le réaliser au dehors en l'incarnant dans des images, car il veut l'admirer à loisir et le faire admirer aux autres. L'artiste alors, quand toutes ses facultés supérieures sont bien équilibrées, quand ces mêmes puissances élevées sont servies dans sa tête par des talents proportionnels d'exécution, l'artiste, disons-nous, enfante des chefs-d'œuvre. Et ces chefs-d'œuvre surpassent en splendeur les faits réels de la création qui leur correspondent, comme l'esprit surpasse la matière, comme le vrai l'emporte sur le phénomène à travers le voile transparent duquel nous l'apercevons,

De tels artistes créant de telles œuvres, la Chine n'en possède point, elle n'en a jamais possédé.

Nous le disions plus haut, dans notre *Étude* sur la race, la tête chinoise n'offre qu'à l'état rudimentaire cette faculté sublime de la poésie ou de « l'*idéalité* ». A-t-elle au moins les talents, les facultés de réalisation que Dieu mit dans l'âme humaine au service du génie? Oui, presque toutes ces précieuses qualités sont siennes; car elle a le talent d'imitation; elle possède le sens des contours ou des configurations à un degré supérieur à celui où nous l'observons dans toutes les autres races; la perception délicate des nuances des couleurs ne lui fait point défaut; elle brille par sa facilité d'exécution, par son talent de construction ; bref, on ne peut guère lui reprocher qu'une certaine faiblesse à l'endroit de la perception des distances et des relations réciproques des objets dans l'espace. Tout ce qui est le plus indispensable à la reproduction du réel, du visible, du tangible, les Chinois le possèdent donc ; et, s'ils ne sont pas les artistes du monde des causes ou des idées pures, ils sont, au point de vue de la reproduction plastique, les artistes du monde des réalités contingentes, les maîtres de la copie. Une nuance pourtant : l'*idéalité*, cet instinct de l'infini, cet amour de la perfection, dirige jusque dans les moindres détails de l'exécution l'ébauchoir ou le pinceau de l'artiste indo-européen. Or, ce goût, ce bon goût, comme dit une délicieuse métaphore, n'est pas précisément ce qui distingue les œuvres des artistes chinois.

Après avoir indiqué les différences qui séparent l'art des Phidias et des Raphaël de l'art des enfants du Céleste-Empire, nous dirons, sans autre réserve, avec les livres chinois : la peinture en Chine fut très-florissante du ve au vi[e] siècle de notre ère ; et nous ajouterons en consultant nos souvenirs personnels : la peinture se ressent aujourd'hui, en Chine, de l'affaiblissement général des esprits. Elle est presque tout entière au service de la petite industrie de luxe. Il y a énormément de détails parfaitement reproduits, fidèlement imités dans tous ces oiseaux, dans toutes ces fleurs qui ornent les tables et les coffres laqués. S'ils avaient de la profondeur, de la perspective, de l'air, enfin, avec des ombres et de la lumière où il en faut, ces portraits, ces paysages, ces tableaux de genre, ne seraient pas désagréables. C'est qu'ils ont la fermeté de la ligne et la justesse des contours : ils sont dessinés.

Peut-être la peinture eût-elle réalisé quelques progrès en Chine si le pouvoir avait daigné s'occuper d'elle et la tenir en grand honneur. Mais à part la dynastie des Han et celle des Tang, qui furent très-favorables aux artistes peintres, nous ne voyons pas que l'État leur témoigne l'intérêt qu'il porte aux moindres questions financières ou administratives. Les empereurs qui eurent le goût des beaux tableaux ne purent d'ailleurs donner le ton au reste de l'empire. On trouve, surtout dans les galeries des palais impériaux, de nombreux paysages d'une valeur réelle et une foule de portraits qu'on sent être d'une parfaite ressemblance au point de vue des lignes ; nous ne disons pas pour cela que leurs auteurs ont mis sur la toile ou sur

le panneau la vie physionomique et l'âme de l'individu portraité, non, mille fois non !

Pour peu que l'on compare les œuvres sculptu-
rales d'aujourd'hui avec les produits de la sta-
tuaire à toutes les époques de l'histoire chinoise,
on arrive sans peine à reconnaître que la sculpture
s'est presque toujours maintenue au même niveau. Certains critiques prétendent que, ne s'étant
jamais élevée très-haut, elle ne pouvait beaucoup
déchoir. Quoi qu'il en soit, les statues monumen-
tales que font les Chinois de nos jours ne seraient
pas toutes désavouées par nos bons artistes
d'Europe. Ces statues servent surtout à l'ornement
des palais, des pagodes, des bonzeries et de tous
les édifices d'une certaine importance. Mais c'est
surtout dans la confection des statuettes, des
petites figures en bois ou en racines d'arbres,
voire même en métal ou en porcelaine, qu'ils
excellent à rendre la nature avec un fini des
détails et une exactitude des plus remarquables.
Un trait de mœurs qui ne sera pas sans intérêt
pour un observateur sérieux : toutes leurs statues,

toutes leurs statuettes, toutes leurs figurines, sont vêtues, et notre goût pour le nu ne sera peut-être pas de sitôt partagé par eux.

La tradition du Céleste-Empire nous montre le peuple chinois à son origine comme une nation essentiellement nomade : c'est ce qui explique assez comment la tente, cette demeure portative, est devenue le type de son architecture. Les maisons des riches comme celles des classes moyennes présentent l'application du même principe de symétrie : un corps de bâtiment central et deux corps de bâtiment latéraux. Elles n'ont d'ordinaire qu'un seul étage. Leur toiture, supportée par des colonnes, est composée de tuiles de toutes couleurs. Le doux besoin du *home* l'a emporté ici sur le culte de l'élégance architectonique, car, au lieu de donner sur la rue, les fenêtres donnent sur la cour ou sur le jardin, toujours entouré de hautes murailles. Nous n'avons rien à dire, au point de vue de l'art, des humbles cabanes où les pauvres gens vivent sous le chaume, là-bas comme sur bien d'autres points de notre globe.

En Chine, comme chez nous, c'est l'art religieux qui a élevé les plus grands édifices. Sans
parler des églises catholiques, des mosquées, etc.,
qu'on rencontre çà et là, voici les magnifiques
temples consacrés au culte de Bouddha (*Fo-tho*
ou *Fo* tout court en chinois). De ce nombre est le
fameux temple de T'ien-toung, si admirablement
placé sur une éminence et entouré de vastes cloîtres
aux mille corridors. Très-grands et très-nombreux
sont ausssi les temples élevés par le taoïsme, ce
culte de la Raison (Tao-tse). Viennent ensuite les
pagodes, véritables obélisques à plusieurs pans et à
plusieurs étages, dans le genre de la célèbre tour de
porcelaine de Nankin. Le style de ces tours, appe-
lées *T'ah* par les indigènes, est considéré par eux
comme étant le plus noble de toute leur architecture. Aussi voit-on la pagode peinte, sculptée
ou dessinée partout, sur les meubles, sur les porcelaines, sur les éventails, sur les écrans, sur les
étoffes et jusque sur les pièces de leur pâtisserie.

Il y a des races qui sont mieux organisées pour
la musique que pour la peinture et tous les arts

du dessin : telle est, par exemple, la race syro-
arabe dite sémitique, et tels sont dans cette race
les Israélites, parmi lesquels les Meyerbeer et
les Halévy ne connaissent pas de gloires rivales,
dans les arts plastiques, chez les descendants
d'Abraham et de Jacob.

Il y a, au contraire, des variétés de notre espèce
qui sont plus musiciennes que dessinatrices : telle
est la race chinoise. Et pourtant la Chine a compris depuis longtemps les hautes fonctions expres-
sives et moralisatrices de la musique. Ils vont plus
loin : ils la regardent comme la science des
sciences ; car elle peut, à elle seule, expliquer
toutes les autres qui naissent d'elle ou, tout au
moins, se rapportent à elle. De son côté, la légende
nationale abonde en faits tout aussi merveilleux
que ceux d'Orphée. Plus de mille ans avant le
chantre de Thrace, le musicien chinois Koueï
disait à Chun : « Lorsque je fais résonner les
pierres harmonieuses de mon king, les animaux
se rassemblent autour de moi et tressaillent de
plaisir. » Aux temps historiques, Confucius jugeait

de la moralité d'une province chinoise par l'état
où se trouvait l'art musical dans cette même
province. Quand on a lu toutes ces belles choses
sur la musique dans les livres chinois, et qu'on
entend n'importe quel excellent orchestre de
« l'Empire du milieu, » on se demande si la plus
affreuse décadence n'a pas affligé ce bel art. En
écoutant tous ces unissons et toutes ces octaves,
on voudrait pouvoir se dire, fût-ce seulement en
faveur de la légende, que les anciens Chinois con-
naissaient l'harmonie ou l'art de faire entendre
simultanément plusieurs mélodies concordantes,
se pénétrant sans se confondre et concourant à la
production du même effet sur les oreilles et sur
l'âme de l'auditeur. Mais il n'en est rien; et le
P. Amyot, ce bon musicien, qui avait déchiffré tant
d'ouvrages chinois sur la musique, déclare qu'on
n'y trouve rien qui ressemble à la connaissance
de l'harmonie. Le même savant missionnaire
avait joué, devant les officiers de la couronne à
Pékin, quelques-uns des plus beaux morceaux de
Rameau et de Blavet : « Ces airs-là, lui dirent

ses auditeurs, ne sont pas faits pour nos oreilles et nos oreilles ne sont pas faites pour ces airs. » Ne serait-ce pas surtout parce que, en dehors de l'élément harmonique qui correspond au coloris, la mélodie chinoise diffère surtout de la nôtre par ce qui lui donne le mouvement et la vie, par le rhythme en un mot? Le rhythme est à la musique ce que le dessin est à la peinture : il est, par son essence, une série de durées proportionnelle à une autre série de durées. Des groupes répétés ou périodiques de quantités diverses, soumises elles-mêmes à la succession des temps forts (compression) et des temps faibles (expansion), voilà ce qui fait la force, la forme mouvementée et le charme entraînant de notre musique moderne en Europe. Fort mal organisés sous le rapport de la perception des instants dans le temps, les musiciens du Céleste-Empire ne connaissent rien de semblable, et leurs mélopées vont d'une note à l'autre plus ou moins traînantes, plus ou moins monotones. Le peu de mouvement qu'ils leur impriment parfois ne se figure pas, ne s'écrit pas. En déchiffrant les

colonnes verticales de signes qui lui indiquent les
notes qu'il doit chanter ou jouer, l'exécutant doit
se souvenir du mouvement qu'il leur a entendu
donner et le reproduire par pure imitation. Jugez
de leur solfége après cela.

Nous avons dit, dans notre première *Étude*, ce
que le calcul a donné de perfectionnements aux
théories musicales des Chinois. Après avoir souvent supporté l'audition de leur musique, il nous
est impossible de dire ce que le génie des compositeurs chinois aurait bien pu y ajouter; tant il
est vrai que tout cela manque de charme et de
puissance esthétique. Il y a même, dans cette
monotonie et dans cette uniformité désespérante
des chants, quelque chose qui fatigue et agace les
nerfs. Il faut être Chinois pour y trouver du plaisir.

Il est en musique un côté par lequel se distin-
guent les habitants de «l'Empire du milieu,» c'est,
nous l'avons indiqué plus haut, le sens délicat
des timbres. Ils classent ces voix des corps sonores
en huit genres, selon la nature des substances
qui les produisent. Les huit substances produisant

les huit espèces de timbres sont : la peau tannée,
les pierres, les métaux, la terre cuite, la soie, le
bois, le bambou et la calebasse. Il faut leur rendre cette justice qu'ils ont mis tous leurs soins à
faire rendre à ces huit sortes de corps sonores les
sons les plus capables d'agir profondément sur
l'organisation humaine. On devine aisément tout
ce que la peau tendue peut donner en matière de
tambours et de tymbales; mais ce qu'on se repré-
senterait plus difficilement, c'est le parti que les
Chinois tirent d'une série de plaques de pierre
bien sèches et bien sonores suspendues à des
barres horizontales et composant une sorte d'har-
monica que l'artiste frappe à l'aide d'un marteau.
A côté de ces instruments faits de pierres reten-
tissantes, il faut placer les instruments à cloches et
à clochettes, nous allions dire les carillons. La
terre cuite leur sert à fabriquer des instruments à
vent ayant à peu près la forme d'un œuf d'oie, et
percés de plusieurs trous sans compter l'embouchure. Des cordes faites avec de la soie filée et
tendues sur une boîte sonore, voilà le type des di-

verses espèces de *kin*, de *che* et autres guitares chinoises. Le bois fournit des planchettes que l'on frappe, des castagnettes que l'on entre-choque et des coffrets à tables d'harmonie qu'on fait résonner à l'aide d'une verge *ad hoc*. Le bambou, par ses tuyaux comme par ses nœuds, donna des sifflets de toutes les grandeurs, de tous les tons. C'est en implantant des tuyaux de bambou de différents calibres dans des trous faits à une calebasse, et en munissant ce cucurbitacé, préalablement vidé, d'une embouchure recourbée, qu'on fait l'instrument mixte appelé, selon le nombre de sifflets qu'il comporte, *tchao* (autrefois *yu*), *ho* et *cheng*. Le tam-tam mérite encore une mention particulière : lui aussi a sa manière de s'adresser à l'épigastre et de secouer violemment tout le système nerveux.

Répétons-le en toute conviction : deux races organisées aussi différemment que le sont la race indo-européenne et la race chinoise ne pourraient bien s'apprécier réciproquement quand il s'agit du plus subjectif de tous les arts. Il faut que cette

différence soit bien grande pour que nous n'ayons
jamais rien rencontré de semblable dans nos
voyages à travers les cinq parties du monde. Partout nous avons vu les indigènes, même ceux de
l'extraction la plus basse, et par conséquent dé-
nués de toute éducation, être sensibles aux char-
mes de notre harmonie, si désagréable pour les
Chinois. Les Japonais, eux-mêmes si voisins du
Céleste-Empire, ont une musique plus travaillée,
plus soignée, et qui se rapproche davantage de la
nôtre. On ne voit pas dans leurs orchestres ces instruments d'une discordance si bizarre comme ces
grandes castagnettes, ces coquilles à travers les-
quelles le souffle produit toujours la même note,
ces sifflets et ces clochettes qui sont en si grand
honneur chez leurs voisins.

Ce que nous appelons musique militaire n'existe
pour ainsi dire pas en Chine. On n'y voit pas en
tête des régiments ces bandes de musiciens dont
les rhythmes entraînants font oublier au soldat les
fatigues de la marche, et disposent le cœur à tous
les dévouements. Aux grands chefs sont parfois

attachés des musiciens, faisant partie de leur suite, et chargés de leur faire de la musique pour les délasser agréablement du labeur des camps.

Enfin, la musique vocale y est encore dans l'enfance. Les Chinois n'emploient presque jamais les notes graves et tirent leurs sons du nez et de la tête, ce qui produit un récitatif d'une uniformité d'autant plus malheureuse qu'on n'a pas l'espérance de voir survenir un changement qui ne pourrait leur être que favorable. Il ne faudrait pourtant pas en conclure que les Chinois, élevés par des Européens, soient incapables de chanter comme nous le faisons en Europe. Nous avons entendu dans un établissement de missionnaires, à Si-ka-oué, à une vingtaine de *lis* de Schanghaï, quelques jeunes Chinois destinés à l'Église et qui, formés par les leçons de ces bons pères, étaient parvenus à chanter très-passablement.

Nous voici devant un art qui absorbe tous les autres à son profit : arts pittoresques, art oratoire, mimique, art musical, le théâtre prend tout, se sert de tout. Ainsi l'ont compris les Chinois de-

puis de longs siècles. Longtemps avant que la civilisation européenne y songeât, ils avaient créé
au théâtre le personnage qui chante. Ils ont fait
les premiers du drame lyrique. Au point de vue
du but élevé que se propose le théâtre, ils n'ont,
dans l'antiquité, que les Grecs pour rivaux. Nous
aimons ce passage du Code pénal de la Chine
(t. II, p. 264), où il est dit que le but des représentations théâtrales est « d'offrir sur la scène des
peintures vraies ou supposées des hommes justes
et bons, des femmes chastes et des enfants affec-
tueux et obéissants, qui peuvent porter les specta-
teurs à la pratique de la vertu. »

Nos lecteurs trouveront, dans les *Mémoires sur
la Chine* de M. d'Escayrac de Lauture et dans la
préface de l'éditeur chinois aux pièces traduites
par M. Bazin, une foule de détails curieux sur le
théâtre chinois. Pour nous, nous ne ferons même
pas l'histoire de sa décadence, nous nous conten-
terons de raconter ce que nous en avons vu sur
les lieux.

Le théâtre chinois est presque toujours en plein

air ; le spectacle est gratis, et c'est encore de nos jours un des plus grands amusements du peuple. La plupart des pagodes sont précédées d'une cour. Au-dessus de la porte s'élève souvent une plate-forme : c'est la scène. Elle a de 10 à 12 mètres de large, sur autant de profondeur. Comme les acteurs n'ont le droit de rien exiger de leur public, on n'est nullement forcé de donner aux enfants qu'ils envoient quêter dans la cour du temple, qui, lorsque le spectacle va commencer, s'emplit de monde en un instant. Les uns s'asseyent sur les marches mêmes du monument. La plus grande partie reste debout, tandis que les enfants s'empilent en aussi grand nombre que possible sur le brûle-parfums monumental placé au centre de la cour.

Bien qu'on nous eût exposé d'avance le sujet de la pièce qui allait être représentée, nous n'avons pu, pendant bien longtemps, comprendre la moindre chose à ce que nous voyions et même à la plus grande partie de ce que disaient les acteurs ; mais nous avouons que nous avons ri bien souvent de toutes leurs contorsions et de ce qui, pour nous, n'avait pas le sens commun.

Tout à coup, on entendait un bruit épouvantable de trompettes, de petits tambours, de flûtes, de tam-tams, de clochettes et de conques marines, le tout accompagné des accents les plus discords de la voix humaine. Et l'on voyait entrer en scène un mandarin richement vêtu qui, sans se départir un instant de la gravité de son visage, franchissait par des bonds saccadés et d'une hauteur extraordinaire des tables, des chaises, des armoires, pour finir par sauter par la fenêtre, ce qui était le signal de la reprise de la musique et des chœurs.

Puis, un jeune garçon déguisé en femme — car les femmes ne paraissent presque jamais sur des théâtres publics, — arrivait en minaudant et en chantonnant avec une petite voix de fausset, possédant sans doute une grande puissance d'enchantement, puisque les huit ou dix grands mandarins qui sont toujours sur la scène, et qui se chargent du concert vocal, semblaient s'agiter de plus en plus jusqu'à ce que, l'un d'entre eux

donnant le signal aux autres par son exemple,
les bonds et les sauts impossibles recommençaient
de plus belle comme tout à l'heure. De temps en
temps l'un d'eux, ayant mal calculé ses distances
ou poussé par un de ses compagnons, finissait
par tomber enroulé dans sa grande jupe : et toute
l'assistance de témoigner par des cris nombreux
sa vive satisfaction.

A quelques variantes près, les représentations
théâtrales en Chine sont aujourd'hui dans le même
genre. Nous avons surtout souffert de voir le
succès fait aux obscénités dont les acteurs entre-
mêlent leur dialogue. Nous nous souvenions alors
de ces belles paroles de Ming-fou, cité par Moris-
son : « Ceux qui composent des pièces obscènes
seront sévèrement punis dans le séjour des expia-
tions, et leur supplice durera aussi longtemps
que leurs pièces resteront sur la terre. »

IX

LES SCIENCES

Il y a une révolution plus grande que toutes les
révolutions politiques, c'est la révolution sociale
de 89.

Il y a une révolution plus grande que la révolution sociale de 89, c'est la révolution scientifique
du xixe siècle.

L'esprit de la science, voilà l'esprit de nos jours.

Il lui faut, à cet esprit du siècle, des faits réels,
vérifiés, mesurés et toujours mesurables : il ne
veut plus imaginer, il veut découvrir. Il sait que
le malheur du passé a été de faire de la philosophie avant d'avoir fait de la science, d'avoir

inventé de toutes pièces une création factice, au lieu d'observer la nature dans ce qu'elle est, telle qu'elle est.

Et il y a longtemps déjà que cet esprit tendait à se manifester d'une manière victorieuse. «Il faut, sur la nature, interroger la nature elle-même,» disait Bacon. « Seule, l'expérience est l'interprète de la nature, » disait Léonard de Vinci, et il ajoutait : « De sa part on ne reçoit jamais d'erreur, bien que notre jugement se trompe en attendant des effets auxquels l'expé-rience se refuse; *Sola interprete della natura è la esperienza. Da lei mai non ricevesi inganno; bensì il giudizio nostro s'inganna, aspettando effetti ai quali l'esperienza rifiutasi.* »

En rapprochant un grand nombre de faits simi-laires bien observés, la science découvre la loi qui les régit. Elle sait bien qu'elle ne peut atteindre la cause inétendue et invisible que par son mode d'action déterminé et constant, c'est-à-dire par la loi. Elle sait bien que toutes les lois sont uni-verselles et nécessaires, et voilà pourquoi elle déclare que le merveilleux doit être banni de l'explication de l'univers. « L'autorité tout entière est à l'observation : *tout dépend d'elle, elle ne dépend de rien* (1). »

Tel est l'esprit de l'Europe qui pense et qui, les yeux tournés vers l'avenir, songe à la construction de l'édifice du savoir humain.

Tel n'est pas, tant s'en faut, l'esprit de la Chine; car, au lieu de regarder en avant et de chercher de bonne foi la vérité, elle. regarde en arrière et s'obstine à demander à la tradition ce que la tradition ne saurait lui donner.

Elle aussi a voulu donner une explication des faits avant de les avoir étudiés dans leur réalité, dans leurs rapports nécessaires, dans leurs lois. Mais ce qu'elle a professé aux époques théologique et philosophique, elle le professe encore aujourd'hui. Elle a bien, çà et là, découvert quelques vérités-lois; seulement, c'était en dépit de sa méthode et de ses préjugés. Ce peuple, à qui l'on

_____

(1) Berlillon, *De la méthode dans l'anthropologie.* Voir les *Bulletins de la Société d'anthropologie de Paris*, t. IV, p. 225.

avait fait, nous ne savons pourquoi, une grande réputation de science astronomique, n'a pu s'élever à la conception d'aucune loi de la mécanique céleste. Ce que savent là-dessus quelques-uns de leurs lettrés, ils l'ont appris de nos missionnaires et de nos savants. On a parfois admiré la rédaction de leurs almanachs et nous n'y trouvons aucun mal ; seulement il importe de faire observer ici que cette rédaction était l'œuvre de doctes étrangers.

Les Chinois n'ont pu fonder ni la physique, ni la mécanique, ni la chimie, ni la physiologie, ni aucune branche des sciences naturelles. Le peu qu'ils en ont appris, ils le doivent à la propagande des RR. PP. Jésuites. Leur excuse est, non-seulement dans le peu d'harmonie qui règne entre leurs facultés intellectuelles supérieures, mais encore et surtout dans leur langue.

Condillac l'a dit avec raison : toute science a pour instrument indispensable une langue bien faite. Or, avant toute langue scientifique il y a la langue usuelle, l'instrument habituel des opérations de l'esprit. Si, par des vices radicaux de son organisation, cette forme de la pensée ne correspond pas rigoureusement au fond qu'elle enveloppe, il s'ensuit, en matière d'exactitude logique, une foule d'inconvénients. Les *à peu près* et les divinations habiles, si agréables par l'exercice et par la liberté qu'ils donnent à l'esprit, n'offrent que lacunes et désastres quand il s'agit d'une critique nuancée ou d'un exposé fidèle de phénomènes observés.

Les inconvénients d'une langue mal faite sont bien plus sensibles encore quand cette langue est celle des mathématiques. Les applications des sciences exactes à toutes les autres sciences sont si fréquentes et si importantes à la fois, que nous ne saurions trop insister ici sur les graves imperfections de la numération chinoise. Les habitants du Céleste-Empire se servent comme nous du système décimal; ils l'emploient non-seulement dans leurs mesures et dans leurs monnaies, mais encore dans la majeure partie de leurs calculs. Malgré leur aptitude à compter, il leur faut beaucoup plus de temps qu'à un Européen pour faire une addition ou une soustraction des plus simples. Ils n'ont, à cet égard, aucune idée du travail de tête. Voyez maintenant ce qui doit les arrêter à tout instant. Comme ils n'ont pas de zéro (lequel, comme on sait, multiplie par 10 le nombre qu'il suit immédiatement, et permet ainsi de simplifier bien des calculs), ils ont un caractère spécial pour former le nombre dix. Pour dire vingt, trente, quarante, etc., ils disent ; 2 dix, 3 dix, 4 dix, et ainsi de suite, jusqu'au nombre cent qui, lui aussi, n'est pas composé, mais réclame un caractère nouveau, ainsi que mille et dix mille.

Là s'arrêtait, dans les siècles passés, le nombre des caractères qu'ils avaient en plus que nous. Lorsqu'ils voulaient exprimer cent mille, ils disaient dix dix mille ; pour million, c'était un cent dix mille, et ainsi de suite. Ils ont maintenant des caractères pour cent mille, pour un million, pour dix millions et enfin pour cent millions.

On le voit, bien qu'ils se servent du système décimal, l'imperfection de leurs signes est telle

que, s'il leur faut multiplier un nombre par dix,
c'est pour eux tout un travail. Ce malencontreux
surcroît de caractères constitue un véritable en-
combrement pour la pensée et , comme notre
mode de faire les quatre règles leur est complé-
tement impossible, ils ont inventé une table à
compter des plus ingénieuses et qui, malgré leur
grand nombre de caractères, leur permet de tra-
vailler avec une très-grande vitesse. Cette table,
du nom de *souan-pan*, leur tient lieu de papier et
de plume ou de crayon. C'est un cadre en bois ou
en une autre matière, avec un fond et des tringles
qui traversent ce cadre dans toute sa longueur.
Ces tringles laissent courir une foule de petites
boules en bois qui, selon qu'elles sont placées dans
un sens ou dans un autre, prennent plus ou moins
de valeur. Cette machine à compter, fort ingé-
nieuse en soi, jouit d'une certaine vogue en dehors de la Chine ; on s'en sert au Japon , dans
plusieurs maisons de commerce en Angleterre, et
elle n'est pas inconnue en France.

A défaut de science positive, les Chinois aiment

à trouver l'explication des phénomènes de la nature dans les systèmes mystiques inventés par leurs grands philosophes. Le système qui domine depuis près de trois mille ans est celui qui reconnaît comme présidant à la création et à la conservation de l'univers deux pouvoirs de sexe différent. Au *Père* commun, il ajoute la *Mère* commune. Le principe mâle, *yang*, et le principe femelle *yin*, par leur opposition, par leurs combinaisons diverses, produisent tout, tout, jusqu'aux fondements de la morale. Pour montrer comment tout s'explique par ce dualisme, *Wen-wang*, « le prince de la littérature », aujourd'hui un demi-dieu, écrivit son fameux *Livre des changements* (le *Yi-King*), que Confucius lui-même accompagna d'un commentaire perpétuel, sans compter quatorze cents cinquante traités où cette cabale chinoise est expliquée et appliquée.

Parmi les faits météorologiques et astronomiques il en est deux dont la théorie chinoise ne manque pas d'un certain intérêt.

On sait que les tremblements de terre sont fré-

quents en Chine : il est donc naturel qu'on y
songe à se les expliquer. Pour le peuple, la chose
est très-claire : la terre se remue parce que l'un
des poissons monstrueux qui la supportent s'est
remué lui-même. On trouve aussi çà et là une
croyance qui rappelle les terreurs inspirées aux
coupables par le Pardjanya des Hindous ; car,
affirme cette croyance, le souverain Maître n'a
d'autre but, en provoquant ces bouleversements
de la terre, que d'effrayer les méchants et de les
amener ainsi à résipiscence. Les plus savants
disent que la terre fatiguée éprouve le besoin de
changer de place. Nous oublions de dire que ceux
qui attribuent au père des dieux et des hommes
les fonctions d'agitateur de notre petit globe sont
d'avis, pour la plupart, d'attribuer ces terribles
admonestations à la provocation de la colère di-
vine par les péchés des prêtres. Cette explication
nous rappelle une page du vieux catéchisme de
l'Inde brâhmanique. Cette page peut se résumer
ainsi : Qu'est-ce qui soutient la terre ? — De fortes
colonnes. — Fort bien, mais qu'est-ce qui sou-

tient ces colonnes? — La prière des prêtres et la vertu des sacrifices.

Pour les Chinois de tout rang une éclipse de soleil est un *soleil mangé*, comme l'éclipse de lune est une *lune mangée*. C'est qu'il y a, voyez-vous, une grosse vilaine bête qui voudrait bien manger le soleil et la lune. Comme ce serait grand dommage, on cherche à effrayer et à faire fuir la bête à l'aide d'un bruit épouvantable de cymbales, de tambours, de gongs, de trompettes, de flûtes, de pétards, etc., etc. On tire même des flèches contre la bête. Les prêtres prient, chantent et s'agitent beaucoup. Jugez de leur bonheur quand, après un temps plus ou moins long, ils s'aperçoivent que leurs prières ont été exaucées et que l'horrible dévorateur à dû lâcher sa proie.

Il y a pourtant aujourd'hui, parmi les lettrés chinois, quelques savants familiarisés avec la théorie des positions relatives du soleil, de la lune et de la terre d'où résultent les éclipses de lune et de soleil, il y en a même qui sont capables de calculer leurs retours périodiques et qui les calculent en effet. Comment se fait-il donc que les gens les mieux élevés, même au sein des grandes villes, vivent dans une telle ignorance des éléments les plus abordables de l'astronomie ? Comment se fait-il encore, — et ceci est plus grave, — que le gouvernement entretienne officiellement ces folles croyances ?

Il n'y a qu'une science qui soit, en Chine, plus faible que la science de l'univers, c'est la science de l'homme physique.

Les Chinois ne possèdent ni la science des fonctions dont l'ensemble harmonique constitue la vie, ni la science des organes et des appareils auxquels sont dévolues ces fonctions. Ils n'ont ni physiologie humaine ni anatomie du corps humain. Comme les dissections leur sont tout à fait interdites, même quand ils sont médecins, ils ont recours à une anatomie d'imagination des plus curieuses. M. le docteur Armand a obtenu sur les lieux, pendant les dernières campagnes de l'armée française dans l'Asie orientale, un croquis anatomique chinois montrant par une coupe vertico-latérale l'intérieur du corps humain d'après l'idée que s'en font les médecins du Céleste-Empire. « Le cerveau, dit M. Armand (1), est représenté par un lobe unique, allongé comme celui d'un poisson. Le cervelet manque ; il n'y a qu'un petit renflement à la naissance de la moelle allongée. A la face, l'œil et l'oreille sont grossièrement indiqués : il n'y a ni sinus frontaux, ni fosses nasales, ni voûte palatine : point de larynx ni de pharynx. La trachée et l'œsophage sont posés parallèlement à distance comme deux goulots de bouteille. La trachée, dont les anneaux sont indiqués au nombre de six, aboutit à des espèces de poumons divisés en dix lobes apparents. Il n'y a pas de cœur. Le diaphragme forme trois voûtes renversées, ou trois convexités inférieures. Le foie et l'estomac semblent deux vessies superposées. Les reins sont figurés, mais ne communiquent pas avec la vessie, qui est posée isolément dans le bassin, comme un as de cœur, la pointe en haut : peut-être a-t-on voulu figurer

(1) *Bulletins de la Société d'anthropologie de Paris*, tome IV, p. 641.

la matrice. Les corps de vertèbres sont indiqués au nombre de douze en tout, suivis du sacrum. Quant aux parois abdominales, on compte huit épaisses couches superposées. »

M. le docteur Armand a raison, un tel tableau est « la négation absolue de toutes connaissances anatomiques. » Et comme il n'y a pas de physiologie positive sans anatomie, voire même sans anatomie fine ou des tissus, jugez de ce que peut être en Chine la pathologie ou la physiologie de l'homme malade, et songez en tremblant à ce qu'y peuvent être les médecins. Disons à l'honneur du pays que les praticiens, dont la plupart sont des prêtres de Fo et de Tao-tse, ou des charlatans, y sont fort peu considérés.

Pour établir leur diagnostic, ils inspectent avec soin les yeux, les oreilles et même le nez du malade, ils écoutent avec attention le son de sa voix, tâtent le pouls, et les voilà qui ordonnent, selon qu'il leur en semble, force vomitifs et purgatifs, du mercure, de l'antimoine, de la rhubarbe et surtout du ginseng, pour la préparation duquel ils possèdent soixante-dix-sept formules.

Abandonnées la plupart du temps aux barbiers, leurs opérations chirurgicales sont fort peu nombreuses ; en revanche, il en est une dont ils font le plus grand cas et dont ils abusent peut-être. Cette opération consiste à enfoncer des aiguilles dans l'organe malade. L'almanach impérial indique les jours où l'on peut administrer cette acupuncture.

Il faut le dire cependant, une telle ignorance des fonctions de l'homme considéré comme être organique n'empêche en aucune façon les Chinois de se vouer avec amour à l'étude de l'homme considéré comme être intelligent et libre. A toutes les époques ils ont possédé de sages observateurs des appels et des inspirations de la conscience. Aujourd'hui comme autrefois, vous trouverez chez eux des lettrés très-instruits en tout ce qui touche aux devoirs civils et religieux, aux lois et aux coutumes de l'empire. Ils seraient bien grands si leur conduite était à la hauteur de leur culte pour la science de l'homme moral. Ils seraient grands

surtout si ce zèle pour la connaissance des droits
et des devoirs n'avait pas pour principal stimu-
lant l'appât des richesses, du pouvoir et des honneurs.

X

LA POLITIQUE

La société chinoise, avons-nous dit, a pour type
la famille. Les pouvoirs de l'Empereur sur tout le
pays, hommes et choses, sont, pour ainsi dire,
décalqués sur ceux que le père exerce dans sa
maison. Tout absolu qu'il est dans sa forme, ce
gouvernement est peut-être le plus contenu, le
plus limité par l'opinion publique. Et ici, par
« opinion publique, » il faut entendre, non-seulement l'appréciation actuelle des actes de l'autorité
souveraine, mais une sorte de tradition écrite et
vivante à l'endroit des devoirs du chef suprême
envers le peuple qu'il gouverne.

Sans doute le corps des mandarins n'est ni un sénat, ni une chambre modératrice, ni une assemblée législative; mais ce corps, sans être politique, est une puissance permanente de contrôle sur les actes du souverain. L'Empereur, quoi qu'il fasse, le sait et le sent bien. Il sait bien que les maximes d'un bon gouvernement sont dans l'esprit de tous les lettrés, comme elles sont dans le sien, c'est-à-dire avec toutes les fières exigences d'une tradition sacro-sainte. Les six livres sacrés (*King*), les écrits des philosophes, toutes les annales de l'empire sont là pour lui répéter sans cesse qu'il doit être un modèle accompli de toutes les vertus. Car, dit Confucius : «Il est du devoir d'un monarque d'instruire ses sujets, et, comme il ne peut aller dans la maison de tous pour leur donner des leçons, il leur parle à tous par l'exemple qu'il leur donne. » Et prenez garde, nous vous en prions, que l'Empereur ici n'est pas seulement soumis aux rigueurs de son for intérieur, l'histoire entière de la Chine est là pour nous montrer à côté de lui de sages conseillers le rappelant au besoin à toutes les bonnes maximes d'un gouvernement paternel.

Gouvernement paternel, oui, voilà bien le nom qu'il faut donner à cette politique à part, où l'élément monarchique, quelque peu mêlé de théocratie, se mêle à l'élément démocratique, au culte permanent des intérêts du peuple. N'oublions pas que la Chine est le seul pays qui n'ait qu'une noblesse, la noblesse de l'intelligence. N'oublions pas que la Chine est le seul pays où la question du bonheur de tous ait été constamment à l'ordre du jour. « Dès la plus haute antiquité, dit M. G. Pauthier (*Chine moderne*, p. 131), la science du gouvernement des peuples, la science politique, a été considérée en Chine comme la première de toutes les sciences, la science par excellence, celle qui, aux yeux de tous les philosophes chinois, constitue le plus haut, le plus complet, le plus parfait développement des facultés humaines. On fait dire à l'empereur *Hoang-ti*, dont on place le règne plus de deux mille six cents ans avant notre ère, ces paroles : « Le gouvernement des hommes est « comme l'eau qui coule dans les vallées, sans re-

» monter à sa source. Son action est incessante
» et ne s'arrête jamais. C'est pourvoir aux besoins
» des populations et ne pas montrer envers elles
» de l'indifférence ou du mépris; faire la part de
» chacun, c'est-à-dire tracer à chacun ses devoirs
» selon la position qu'il occupe, et ne pas multi-
» plier sans nécessité les obligations de chacun,
» voilà le seul et véritable gouvernement. C'est
» pourquoi encore, appliquer ces principes à
» l'empire et ne jamais les oublier est le seul et
» véritable gouvernement. »

Voilà certes de beaux et bons principes; pourquoi faut-il que la faiblesse humaine les ait rendus
si souvent vains dans le jeu de l'organisation politique de la Chine? L'histoire de ce vaste pays est
là pour nous montrer comment la compression et
les exactions de tout genre, sans compter les actes
de la plus cruelle barbarie, ont provoqué, là aussi,
de terribles révolutions. Il y en eut une, tout le
monde le sait, qui amena la création d'une foule
de grands vassaux et fit de la Chine un monde
féodal durant près de huit cents ans, c'est-à-dire

durant toute la dynastie des Tcheou. Ah ! si tous les empereurs eussent été des sages et des saints, si tous leurs ministres eussent été des modèles de désintéressement et de perspicacité dévouée, nous dirions peut-être alors avec le savant sinologue que nous venons de citer : «Le gouvernement chinois est l'organisation politique la plus philosophique, la plus rationnelle, la plus dépouillée de préjugés de toute sorte qui ait jamais été appliquée jusqu'ici en aucun temps et en aucune contrée du monde (1). » Nous n'ajouterions à ces paroles enthousiastes qu'une seule réserve nouvelle ; nous croyons, en effet, que si cela peut être soutenu à l'égard des souverains chinois qui présentèrent les conditions exceptionnelles d'intelligence et de moralité que nous réclamions plus haut, on ne saurait le soutenir d'une façon victorieuse à l'égard de toutes les races et de tous les pays.

Non, le contrôle purement moral ne suffit pas a

(1) Introduction à la *Vie réelle en Chine* du Révérend William C. Milne, p. 15. Paris, Hachette, in-18.

tous les hommes, alors même qu'on les croit en commerce plus intime avec le ciel.

Nous laissons au lecteur le soin de tirer quelques conséquences de ces premiers principes du gouvernement du Céleste-Empire : Tous les Chinois ne sont pas égaux devant la loi. Il y a huit classes de privilégiés. La première se compose de tous les membres de la famille impériale, lesquels ne relèvent que du ministère de la maison de l'Empereur. Les sept autres classes de personnages enlevés à la juridiction des tribunaux ordinaires sont composées des hommes recommandés par leurs services rendus à l'État, par les grandes actions qu'ils ont accomplies, par les talents militaires ou administratifs dont ils ont fait preuve, etc., etc.

Voyez pourtant comme la machine gouvernementale est bien montée pour fonctionner à l'aise et avec sécurité, *si* les conseillers et les ministres étaient toujours tels que le veulent les livres canoniques et les avis des philosophes.

En dehors des six ministères spéciaux (Intérieur

ou Ministère des fonctionnaires civils, Finances,
Rites, Guerre, Justice, Travaux publics), l'Empereur a son Conseil privé et son Conseil des
ministres. Le Conseil privé ou Conseil d'État veille
avec l'Empereur aux intérêts généraux du pays.
Le Conseil des ministres, d'après les *statuts* qui le
dirigent, « délibère sur le gouvernement et l'administration de l'Empire, promulgue les ordon-
nances de l'Empereur, préside à l'exécution des
lois de l'État et, en général, veille à ce que les
fonctions respectives des différents pouvoirs soient
maintenues dans leurs justes limites, afin d'aider
l'Empereur dans la direction des affaires de
l'État, etc., etc. »

Admettez un instant que l'Empereur, au lieu
d'appeler à lui les hommes les plus instruits, les
plus sages et les plus indépendants du monde des
mandarins, s'entoure de complaisants et d'ap-
plaudissseurs, et vous aurez la pitoyable co-
médie gouvernementale qu'il nous a été donné
de voir jouer durant notre séjour dans l'Empire
du Milieu. Partout le machinisme a remplacé l'or-

ganisme vivant. Le grand ressort de la machine, c'est un ensemble de vieilles habitudes, appuyé sur une science stationnaire, sur des formules dont la lettre seule est mnémonisée et correctement récitée par les lettrés. Au lieu du mot de Dieu : « *En avant!* » la politique chinoise a crié : « *Halte.* » Elle a cru pouvoir jouir en paix des trésors accumulés pendant plus de quarante siècles. Elle a pensé que, dans la voie de la civilisation, il était permis de s'arrêter sans succomber bientôt à la torpeur, à la décomposition, à la mort. Et, depuis deux siècles, la voilà qui abandonne le pays au plus dangereux des engourdissements. Faut-il attribuer cette mortelle somnolence à un gouvernement qui n'est pas chinois et dont l'unique préoccupation, loin de tenir la Chine dans la voie du progrès, a été d'abaisser tous les grands hommes indigènes et de repousser toute innovation venant de l'intérieur ou de l'extérieur?

Reconnaissez ici la main de l'étranger qui tue pour mieux gouverner. Dans toutes les hautes charges de l'Empire confiées à des Chinois, le gouvernement a soin d'adjoindre au fonctionnaire indigène un mandarin tartare mantchou. Ces Chinois sont plutôt des hommes de paille que l'on met ainsi en évidence afin que le peuple n'ait pas sujet de se plaindre. Ne faut-il pas que les gens du pays passent pour être admissibles à tous les emplois civiles et militaires? Seulement, les tribunaux, qui nomment les nationaux aux différentes fonctions ont soin, la plupart du temps, de choisir des hommes peu capables, afin de faire retomber sur eux toute la responsabilité des malheurs qu'ils ne sauraient prévoir. Ils cachent ainsi leur mandarin tartare-mantchou derrière le manteau de cérémonie du malheureux fonctionnaire chinois, tandis que ce dernier n'agit, en réalité, que par les ordres de celui-là.

Peut-être le pays a-t-il conscience de ces causes profondes de son propre dépérissement, car il n'aime pas la dynastie régnante; et celle-ci nourrit si peu de doutes sur la défaveur dans laquelle on la tient, qu'elle concentre tous ses efforts pour

les faire converger vers un but unique : le main-
tien *quand même* du pouvoir.

Elle vit donc dans le faux, cette dynastie ; aussi
bien est-elle coup sur coup imbécile, lâche et
cruelle. Elle a été tout cela devant les rébellions
qu'elle a vues surgir au sein du pays. Les rebelles
qui ont acquis tant d'importance pendant les
dernières années du règne de Hien-fong, et qui,
petit à petit, comme ces maladies dont on ne peut
arrêter le cours, auraient fini par s'emparer de
toutes les villes de l'empire, sont une conséquence
naturelle de l'état de dépérissement de la Chine
et de son gouvernement. Ces bandes de brigands
ont commencé, en 1851, par un petit groupe
s'accroissant bientôt par centaines, puis par milliers d'hommes qui, trouvant plus facile de vivre
du travail des autres que du fruit de leurs propres
labeurs, se sont formés en plusieurs bandes distinctes portant à leur tête la bannière de leur chef
Houng-sieou-tsiouen. Ces bandes ne cessaient
d'enrôler tous les criminels et tous les bandits,
convaincus comme elles que l'union fait la force,

même quand il s'agit de prendre et de piller des villes.

Aux belles époques de la Chine, ces bandes eussent été anéanties jusqu'au dernier homme par les généraux de l'empire. De nos jours, au contraire, le gouvernement agit sans ensemble, sans plan, sans tactique. Il donne bien des ordres pour qu'on reprenne aux rebelles les villes qu'ils ont conquises ; mais jamais une armée, à part celle qui assiéga Nankin pendant six ans, n'a été mise sérieusement à leur poursuite, et les petits combats partiels que leur livrent de temps en temps les impériaux, loin de pouvoir porter atteinte à leur association, leur sont, au contraire, d'une grande utilité, car ils les maintiennent perpétuellement en alerte et tout prêts à se défendre.

De cette inaction ou, plutôt, de cette action incomplète d'un gouvernement impuissant naquit bientôt chez les rebelles l'assurance de l'impunité. Leur audace ne connut plus de bornes, et ils se déclarèrent ouvertement contre les mandarins.

Tous les jours, venaient s'enrôler sous leurs drapeaux des campagnards et des citadins, les uns pour faire du mal, les autres pour éviter qu'on leur en fît. Chose étrange ! cette insurrection avait dès l'abord revêtu une sorte de cachet religieux. Les proclamations de Houng-sieou-tsiouen formulaient hautement l'unité de Dieu en trois personnes, Père, Fils et Saint-Esprit, la médiation de Jésus-Christ, etc., et elles étaient conçues en termes tels qu'elles firent prendre le change à bon nombre d'Européens et à quelques missionnaires.

On vit bientôt qu'on s'était trop hâté de croire qu'une nouvelle ère allait s'ouvrir pour la Chine. Et, comme il y avait dans les rangs des insurgés beaucoup d'Européens et d'Américains, on eut le droit de supposer que ce caractère de mouvement religieux donné à l'entreprise avait été suggéré par eux dans le but de gagner les sympathies de tous les habitants à religion chrétienne.

De 1855 à 1860, tous les matelots déserteurs des navires européens vinrent se joindre aux rebelles ; nous ne comptons pas ces gens comme il y en a partout, qui n'ont rien à perdre et tout à gagner.

En 1860, le général de Montauban, dans l'intérêt de la politique qu'il devait suivre, crut nécessaire de les chasser de quelques villes qu'ils occupaient dans les environs de nos comptoirs. A part quelques Européens, il y avait parmi leurs chefs beaucoup d'Américains, faisant manœuvrer les hommes avec intelligence et s'emparant, depuis plusieurs années, de toutes les armes qu'ils pouvaient trouver dans les ports.

Depuis le 19 mars 1853, les insurgés s'étaient emparés de Nankin, devenu, dès lors, leur centre d'opérations. Une fois maîtres de la citadelle de Tchin-kiang-fou, à quelques lieues de Nankin, ils prirent possession, sans résistance aucune, des villes murées de Koua-tcheou et de Yang-tcheou. Nous ne ferons ici ni l'histoire de leurs succès, ni celle de leurs revers. Nous voulons seulement les considérer au point de vue du danger permanent qu'ils créent à la Chine. Ils sont là, en effet, comme un petit gouvernement bien discipliné au milieu d'un gouvernement trop étendu, affaibli outre mesure et peu aimé. Jetez un coup d'œil sur la carte de ce vaste empire. Voici, au milieu de l'immense côte, dentelée de havres et de ports, qui le limite à l'orient, l'embouchure du fleuve Yang-tsze-kiang. Remontez ce fleuve, en passant devant Schang-haï, et lorsque vous aurez dépassé le coude qui vous ramènera vers le sud-ouest, vous rencontrerez la ville de Nankin, et tout le territoire qui s'étend là le long du Yang-tsze est en quelque sorte le quadrilatère relativement inexpugnable où les rebelles se maintiennent avec une parfaite confiance dans le succès de leur entreprise. Et maintenant, réussiront-ils à substituer leur dynastie chinoise Taï-ping à la dynastie régnante? Au lieu de rester un immense empire, la Chine sera-t-elle subdivisée en plusieurs royaumes distincts? Ne se formera-t-il pas, sous l'influence du mécontentement général, de nouvelles bandes d'insurgés qui, sur d'autres points du pays, réaliseront les prodiges faciles opérés par Houng-sieou-tsiouen

sur les bords du fleuve Yang-tsze ? Et le démem-
brement de l'empire ne sera-t-il pas le résultat du
défaut d'entente entre les chefs des différents
centres d'insurrection ? Ce sont là autant de questions difficiles qu'il appartient à l'avenir de résoudre. Nous dirons seulement qu'il nous semble
moralement impossible à un peuple habitué depuis
plus de cinq mille ans à cette puissante unité de
se scinder ainsi en plusieurs groupes réellement
distincts, en plusieurs petits empires.

On le voit, dans sa politique intérieure, la Chine
est plus que faible, elle est peut-être mortellement
frappée. Que fera-t-elle devant l'étranger ? Con-
tinuera-t-elle de le regarder avec méfiance et de
le traiter en ennemi ? Assurément, si elle n'écou-
tait que ses instincts et son orgueil de race, si elle
ne consultait là-dessus que ses traditions sécu-
laires, elle ne manquerait pas de rester fidèle à
son système d'exclusivisme, et, si elle le pouvait,
resterait à jamais fermée à la communion avec
les autres peuples. Mais il est trop tard, et il y
a déjà longtemps que la Chine est ouverte. Seule-

ment, en autorisant çà et là les établissements européens qu'elle ne pouvait anéantir, la Chine a posé elle-même les bases de son inévitable transformation.

C'est dans cette voie fatale du progrès par le mélange des intérêts, des idées et des races qu'elle a fait récemment, toujours malgré elle, un pas immense en acceptant forcément les résultats de la campagne anglo-française de 1860. Tous, nous avons lu dans les journaux d'alors les hauts faits des deux armées alliées, et ce n'est pas le moment de raconter de nouveau les relations diplomatiques qui s'établirent entre lord Elgin, le baron Gros et les représentants du Céleste-Empire. Ce qu'il nous importe de faire ressortir ici, c'est la nature du procédé politique dont usèrent à notre égard les conseillers de la couronne.

Le 21 août 1860, nous avions pris les forts du Pei-ho. Arrivés à Tien-tsin, nous y restâmes jusqu'aux premiers jours de septembre. Les plénipotentiaires chinois qui s'étaient dits revêtus des pleins pouvoirs du Fils du Ciel pour conclure avec

nous, traînèrent les affaires en longueur, remet-
tant de jour en jour la signature définitive. Enfin,
poussés dans leurs derniers retranchements par
les ambassadeurs européens qui commençaient à
suspecter leur bonne foi, ils avouèrent n'avoir ni
le sceau impérial ni les pouvoirs suffisants pour
traiter directement avec les autorités anglo-fran-
çaises. Ils nous avaient fait perdre un temps précieux, que leurs compatriotes, comme nous le
vîmes dans la suite, avaient employé à tout autre
chose qu'à préparer des voies de conciliation.

Les ambassadeurs anglais et français, après
avoir remis la direction des affaires aux généraux
en chef, les suivirent sur la route de Pékin, dé-
terminés à faire signer un traité dans cette ville,
puisque le sceau impérial n'était pas à Tien-tsin
et que, au dire des plénipotentiaires chinois,
c'était seulement dans la capitale que pouvait se
terminer cette affaire. Or, les Chinois nous avaient
demandé comme une grâce de ne faire accompa-
gner nos ambassadeurs et nos généraux que de
fort peu de troupes, afin, disaient-ils, que notre

marche sur Pékin n'eût pas l'air d'une marche triomphale, ce qui, ajoutaient-ils, aurait fait tomber à tout jamais le prestige qui entoure leur Empereur aux yeux de la nation. Ils nous écrivaient : « Vous êtes les premiers à rechercher l'alliance de la Chine, qui vous est si utile au point de vue commercial. Ne déconsidérez donc pas son gouvernement aux yeux de son peuple. Vous agiriez contre vos intérêts, en frappant d'un coup fatal et inutile une dynastie qui a déjà beaucoup de peine à se maintenir. En ne conduisant à Pékin que les ambassadeurs, les généraux en chef, les officiers supérieurs et une escorte d'honneur, sans être ni précédés, ni suivis de canons et autres attirails de guerre, vous vous assurerez la reconnaissance de l'Empereur, qui sera d'autant plus touché de votre générosité que vous pourriez ici agir en maîtres et que, ayant égard à ses supplications, vous aurez bien voulu vous conformer à sa demande, dont le résultat doit être pour la Chine d'un grand effet moral, etc., etc. »

Eh bien ! tout cela n'était que mensonge

et perfidie! Tout cela n'avait qu'un but, la destruction de l'état-major de l'armée alliée. On sait
comment, malgré la solidité apparente de quelques-uns des motifs allégués par les ambassadeurs
chinois, les généraux en chef rejetèrent une telle
demande et, sans vouloir entraîner toute l'armée
à leur suite, emmenèrent avec eux près de quatre
mille hommes. On sait aussi comment cette poi-
gnée de soldats français et anglais se trouva inopinément en présence de plus de 35,000 Chinois
et Tartares, et comment, par un trait de génie et
d'audace à la fois, le général de Montauban sut
frayer à son armée un passage au travers des
ennemis dispersés et massacrés en assez grand
nombre pour combler de leurs cadavres l'endroit
du canal impérial où devaient passer nos soldats.

Mieux que toutes nos réflexions, ces faits mon-
trent quel est l'esprit du gouvernement chinois en
matière de politique extérieure. Son orgueil et
ses traditions l'empêchent de voir clairement
où sont ses véritables intérêts. Mais la loi du
progrès, qui est la loi de l'univers, est plus forte

que tous ces vains obstacles, et les Chinois, en ou-
vrant à regret à l'Europe et au monde toutes les
portes de leur empire, en admettant nos ambassadeurs à résider dans la capitale, viennent de
renoncer, sans le savoir, au passé pour entrer
résolûment dans les voies de l'avenir.

FIN

TABLE

Paris. — Imprimerie de E. Martinet, rue Mignon, 2.

www.ingramcontent.com/pod-product-compliance
Ingram Content Group UK Ltd.
Pitfield, Milton Keynes, MK11 3LW, UK
UKHW020154130726
13696UKWH00002B/498